Margot Morgan

·

Politics and Theatre in Twentieth-Century Europe

Imagination and Resistance

Palgrave Macmillan

New York

2013

Марго Морган

·

Политика и театр в Европе XX века

Воображение и сопротивление

Academic Studies Press

Библиороссика

Бостон / Санкт-Петербург

2024

УДК 792.01
ББК 85.33г
М79

Перевод с английского Анны Аксеновой

Серийное оформление и оформление обложки Ивана Граве

Морган, Марго.
М79   Политика и театр в Европе XX века. Воображение и сопротивление / Марго Морган ; [пер. с англ. А. Аксеновой]. — Бостон / СПб.: Academic Studies Press / Библиороссика, 2024. — 242 с. — (Серия «Современная европеистика» = «Contemporary European Studies»).
        ISBN 979-8-887195-87-2 (Academic Studies Press)
        ISBN 978-5-907767-50-8 (Библиороссика)

В своей книге Марго Морган исследует связь между политикой и театром, рассматривая творчество и биографии Бернарда Шоу, Бертольта Брехта, Жан-Поля Сартра и Эжена Ионеско, и представляет вниманию читателей историю культуры, подробно описывающую, как менялась роль политического театра в Европе XX века.

УДК 792.01
ББК 85.33г

ISBN 979-8-887195-87-2
ISBN 978-5-907767-50-8

Посвящается моей семье:
Дину, Кэрол,
Фионе, Дрейку
и Тони

Благодарности

Основой для этой книги послужила моя диссертация, написанная в Ратгерском университете. Я проделала долгий путь от начала диссертации до окончательного варианта рукописи книги, и я благодарна многим людям. Во-первых, я сердечно благодарю членов моего диссертационного совета: Денниса Батори, Эндрю Мерфи и Джона Эренберга. Я безмерно благодарна всем аспирантам направления «Политическая теория», с которыми мне посчастливилось познакомиться. У нас было удивительное интеллектуальное сообщество, и я бы не смогла успешно учиться в аспирантуре без поддержки и дружбы моих коллег. Я выражаю отдельную благодарность Аарону Кеку, Брайану Штипельману, Джеймсу Мастранжело и Николь Шиппен.

За помощь в разработке диссертации и дальнейшем ее превращении в книгу я хочу поблагодарить своего редактора Брайана О'Коннора. Я также хочу поблагодарить замечательных людей, с которыми я работала в Блумингтоне, включая всех нынешних и бывших сотрудников журнала «Перспективы политики» («Perspectives on Politics»). Особая благодарность Аурелиану Крэйуцу, Джеймсу Московицу, Рафаэлю Хачатуряну, Эмили Хилти, Питеру Джордано, Брендону Уэстлеру и Лоре Буччи. Также хочу отметить и поблагодарить за проделанную работу художников Центра драматургии Блумингтона, особенно Чаду Рабиновицу, Шейну Чиналу и Томаса Тигглмана: благодаря вам я чувствовала себя в Блумингтоне как дома. Отдельное спасибо Ли Бёркес, которая всегда рядом, когда я в ней нуждаюсь.

Я также хотела бы поблагодарить моих коллег из Университета Индианы-Юго-Восток (IUSE), которые дали мне возможность реализоваться как преподавателю и которые всячески поддерживали меня во всех моих начинаниях. Спасибо Джин Э. Эбшир, Ронде Рузенски, Клиффу Стейтену и Джо Верту. Они воплощают дух коллегиальности Университета Индианы-Юго-Восток. Я благодарна и горжусь тем, что работаю бок о бок с такими позитивными и преданными делу людьми.

Я бесконечно благодарна за поддержку моему научному руководителю, Стивену Эрику Броннеру. Я и мечтать не могла о более вдохновляющем, поддерживающем и эрудированном наставнике. Спасибо, что поверили в меня и показали мне, каким может быть настоящий публичный интеллектуал. Я также хочу поблагодарить Александру Хёрль за ее поддержку и дружбу. Она замечательный друг, а также одаренный учитель и ученый, и я безмерно благодарна за то, что она есть в моей жизни. Отдельная благодарность Джеффри С. Исааку, который прочитал несколько черновиков рукописи и предложил конструктивную критику, необходимую для перехода моей научной работы на новый уровень. Ты постоянно заставлял меня выходить из зоны комфорта, что в результате сделало неизмеримо лучше не только мою книгу, но и меня. Невозможно выразить словами, как я благодарна за то, что в моей жизни есть эти три человека: Стив, Лекси и Джеффри. Вы прошли со мной огонь и воду и подарили мне удивительную поддержку и дружбу. Невозможно выразить словами, насколько много вы трое для меня значите.

Наконец, я хотела бы поблагодарить мою семью, начиная с моего деверя, Барри Варелы, создавшего предметный указатель для этой книги. Я очень ценю доброту и поддержку, которые он дарит мне многие годы. Большое спасибо также моей сестре Фионе, у которой скоро выйдет собственная книга. Она один из самых сильных людей, которых я знаю, и мой источник постоянного вдохновения. Я также благодарю своего брата Дрейка, который является одним из моих самых близких друзей и самым большим модником, кого я знаю. Спасибо моей матери Кэрол, чья улыбка служила утешением в самые тяжелые времена и которая всегда верила в меня. И спасибо моему отцу, Дину, который вычитал рукопись целиком в очень короткий срок и проделал огромную работу по ее улучшению. Он и мама всегда были моей опорой, и они принесли огромные жертвы ради моего образования. Спасибо за вашу вечную любовь и поддержку. Вы — все для меня.

Глава 1
Введение: политический театр и театр политики

На протяжении тысячелетий изучение политики считалось неотделимым от исследования общественной жизни в целом. Искусство, религия, история, политика и мораль рассматривались как взаимосвязанные элементы, формирующие друг друга и основополагающие друг для друга. Изучение одной сферы отдельно от других было немыслимым для древних греков и римлян, средневековых христиан, философов европейского Просвещения, романтиков и радикальных интеллектуалов конца XIX и начала XX века. Экологическая концепция политики, рассматривающая политику как часть динамического целого, которое лучше всего воспринимать (а возможно, только так и стоит) *как* целое, до сих пор эффективна во многих культурах, а на Западе утратила господство лишь недавно. Сегодня даже среди большинства академических ученых само собой разумеется, что политика — это политика, а искусство — это искусство и между этими сферами нет очевидных или существенных связей. Но так было не всегда.

Неудивительно, что это широко распространенное мнение нашло отражение в современной науке. Тематические секции Американской ассоциации политических наук (APSA) традиционно отводят незначительную роль вкладу искусства и культуры в современную концепцию политики и ее изучение. Обзор программ недавних конференций APSA демонстрирует повсеместную озабоченность правительственными учреждениями и стремящимися повлиять на них субъектами, будь то отдельные акторы, заинтересованные группы лиц или неправительственные организации. Эта тенденция не коснулась только некоторых типов политической теории и раздела сравнительной политики, который имеет дело с политической культурой. Но исключение, кажется, подтверждает правило, поскольку эти разделы в целом недооценены и все еще вынуждены соответствовать методологическим требованиям политики как социальной науки. Дисциплины, стремящиеся расширить узкое рабочее определение, которым они оперируют (например, политика, литература и кино), часто тратят бо́льшую часть энергии на оправдания собственного существования в вечной попытке добиться признания и законного статуса.

Самое удивительное заключается в том, что ограничение темы политических исследований институтами и практикой государственных учреждений — это совершенно новое историческое явление, характерное для определенных географических регионов мира (то есть для Севера и/или Запада). Тем не менее этот факт и его последствия, кажется, совсем не признают мужчины и женщины, которые профессионально занимаются анализом «политики».

Наша главная цель в этой книге — противостояние данной тенденции с помощью выявления важных связей между политикой и театром и последующего применения данного подхода для внесения ясности в творчество четырех самых влиятельных и наиболее политизированных драматургов XX века: Джорджа Бернарда Шоу, Бертольта Брехта, Жан-Поля Сартра и Эжена Ионеско.

Современная тенденция разделять аспекты человеческого опыта — это глубоко укоренившийся результат либерального «искусства разделения», нашего успешного правового разграничения общественной и частной жизни. Как пишет Майкл Уолцер,

> Общество было задумано как органическое и единое целое...
> Столкнувшись с этим миром, либеральные теоретики
> проповедовали и практиковали искусство разделения. Они
> провели черты, обозначили разные области и создали со-
> циально-политическую карту, с которой мы знакомы до сих

пор. Самая известная черта — это «стена» между церковью
и государством, но есть и много других. Либерализм — это
мир стен, и каждая создает новую свободу [Walzer 1984: 315][1].

В стремлении не допустить, чтобы государство контролиро-
вало нашу частную жизнь, мы «деполитизировали» [Morawetz
1985: 599–606] культуру (процесс создания произведений искусства, практику религиозных обрядов и обмен товарами и услу-
гами), оттеснив ее в частную сферу. Со временем разделение
между частным и общественным, искусством и политикой стало
естественным. Поскольку мы занимаемся этими сферами жизни
по отдельности, нам трудно не воспринимать их как изначально
разделенные.

Разделение академических дисциплин отражает более широкие
изменения в концептуализации нашего мира. Разделение труда
в сочетании с нашей верой в позитивизм как ключ к истине привело к тому, что мы отдаем предпочтение научным и общественно-
научным дисциплинам вместо гуманитарных наук и искусства.
Стремление сделать изучение политики как можно более научным
создает ситуацию, в которой мы сводим изучение человеческого
поведения к элементам, поддающимся подсчету, измерению,
прогнозу и контролю. Мы учимся рассматривать людей как объект
исследования и теряем способность оценивать их в качестве
творческих субъектов. Своевольные поступки рассматриваются
как отклонение от нормы, свидетельствующее о проблемах в мо-
делях. Когда наука достигнет совершенства, по-видимому, не
останется человеческих действий, которые мы не могли бы пред-
сказать, человеческих творений, которые невозможно было бы
проконтролировать и, следовательно, предотвратить.

Тем не менее именно наша способность представлять то, чего
еще не существует, и создавать новое, то есть «действовать»

---

[1] Это разделение не является идеальным — более того, аргумент Уолцера в этом
эссе состоит в том, что необходимо проводить дальнейшие разделения, а те,
которые уже существуют, необходимо усилить с помощью дополнительных
правил и институтов, в частности, для защиты политической сферы от
власти рынка.

в терминологии Ханны Арендт, делает нас людьми. Спонтанность и творчество — это определяющие человеческие характеристики, и, избавляясь от того, что мы не можем измерить, как от ненужного, обременительного и проблемного, мы исключаем из человеческого опыта аспект, который на самом деле следует беречь. Конечным результатом может стать тоталитарный мир, согласно опасениям Арендт, или же, наоборот, благополучное будущее, в котором люди больше ценятся тогда, когда ведут себя как роботы. В любом случае результатом нашего самоотчуждения стал бы мир, лишенный человеческого воображения.

Чтобы противостоять тенденции разделения и иерархизации аспектов человеческого опыта, нам необходимо напомнить себе об историческом и условном характере текущей ситуации. Другими словами, мы должны переосмыслить человеческий мир как синтезированное целое, в котором теория и практика, искусство и политика не только одинаково ценятся, но и рассматриваются как две стороны одной медали.

Торжество человеческой агентности начинается в тот момент, когда она проявляется в области, где человеческое творчество наиболее процветает, а именно, в сфере искусства. Сила искусства заключается в том, что оно одновременно стимул и продукт воображения. Искусство — это возможность, потенциал, это становление. И когда искусство превращается в инструмент внедрения общественных изменений, социальные научные модели часто подводят нас, поскольку разделенные сферы человеческого опыта объединяются на наших глазах и приводят порой к непредсказуемым результатам. В этом контексте мы можем видеть, насколько узким стало наше понимание политики и как можно воспринимать ее иначе.

Вопреки господствующей тенденции определять «политику» с точки зрения правительственных учреждений и действий профессиональных политических агентов, в этом исследовании мы используем более широкое определение, которое восходит ко времени, когда политика была частью повседневной жизни. Основываясь на позиции Арендт, мы видим политику как пространство, которое существует между людьми и у людей для их попыток создания чего-то нового. Анализируя афинское понимание политики, Арендт пишет:

> Политическая сфера возникает непосредственно из совместных действий, из «обмена слов и поступков». Таким образом, действие не только имеет самое близкое отношение к общественной составляющей мира, общего для всех нас, но и является единственной деятельностью, которая его образует [Arendt 1998: 198].

Политика есть интерсубъективность, коммуникация и поддержка определенной формы сообщества. Она включает принятие ответственности за последствия совершаемых действий и отказ от детерминизма в любом его виде, будь то религиозный, научный или исходящий из любого другого источника[2]. Поскольку искусство связано с созданием нового, оно имеет место в политике — как источник вдохновения, как инструмент анализа и как способ передачи идей, которые описать человеческим языком просто невозможно. И поскольку театральное искусство определяется как «имитация действия» [Arendt 1998: 187] в мире, иными словами имитация политической жизни, это искусство особенно важно для изучения политики.

Данное исследование посвящено моментам в новейшей истории, когда политика и искусство считались неразделимыми. В частности, мы сфокусируемся на моментах, когда сценическое искусство было вдохновлено политикой и, в свою очередь, играло политическую роль. Мы решили сосредоточиться на театральном искусстве по двум причинам: его возраст и присущие ему социальные качества. В отличие от многих видов искусства, возникших только в современной эпохе, — например, романа, фотографии и кино, — театр существует с начала человеческой истории. И поскольку театр призван — как в начале своего существования, так и в наши дни — способствовать «одновременному коллективному переживанию» подобно архитектуре или

---

[2] Обсуждение отказа Арендт от детерминизма см. в [Canovan, Arendt 1992].

эпической поэзии Древней Греции[3], он тесно связан с обществом и с реально существующей общественной жизнью.

Как и всякое искусство, театр может служить окном в мир общества конкретного периода и места, позволяя рассмотреть систему ценностей, идеологию и представления о человеческой природе и положении человека в той или иной культуре. Однако театр отличается от других видов искусства тем, что он диалогичен по своей структуре — сама форма театра способствует взаимодействию между людьми. Структурно зависящий от человеческих связей, театр использует в качестве предмета человеческое состояние и присущие человечеству проблемы правосудия, власти, коммуникации и изменений. Театр демонстрирует силу человеческих заблуждений и конфликтов, проблем морали и то, как их последствия могут разрушать человеческие планы, отношения и жизни. Согласно Арендт, «сценическая игра на самом деле есть имитация игры» в общественной (политической) сфере. Вот почему она утверждала, что «театр — это политическое искусство по сути; только политическая сфера перенесена в искусство. Точно так же это единственное искусство, предметом которого является исключительно человек в его отношении к другим» [Arendt 1998: 187–188].

В рамках политической теории существует обширный список публикаций о политической значимости театра, однако исследования, как правило, ограничены конкретным временем и местом. Ученые, занимающиеся изучением политического театра, сосредоточиваются почти исключительно на античном театре Греции и Рима. Поскольку древние считали политику неотделимой от других сфер общественной жизни, искусство — и особенно театр — играло в ней большую роль. Поэтому античный театр дает достаточно материала для теоретиков, интересующихся театром как инструментом гражданского воспитания в демократиях, особенно в отношении 1) отражения и поощрения античных добродетелей в представлениях; 2) понятия Аристотеля о катарсисе и его роли в укреплении политического единства через об-

---

[3] См. [Benjamin 1968: 234–235].

щий опыт высвобождения эмоций; 3) и того, как античные пьесы часто создавали, а затем разрешали проблему и напряжение в рамках социального заказа[4]. В общем, эта литература полезна для изучения функционирования здоровых демократий, роли искусства в образовании и связи между искусством и демократической политикой.

Однако изучения древности будет недостаточно, чтобы понять значение театра для политики. Каждая культура имеет театральные традиции, и политическая роль театра сильно варьируется в зависимости от места. Что универсально в театре, так это социальный характер, способность развивать воображение зрителей, способность имитировать на сцене то, что реально в обществе, и воплощать то, что в обществе не совсем реально, и, как следствие, служить стимулом или вдохновением. И все же современный мир очень отличается от античного, и театр в нем выполняет другие функции. Современный мир — это мир «народных масс» (политический концепт, возникший в результате Французской революции и с тех пор окрашивающий наше понимание политики) и дом для политических движений, которых раньше не существовало: марксизма, фашизма, коммунизма и либерализма. В этом контексте театр используется не только государством, но и массами, революционными группами, повстанцами, студентами и политическими партиями. Гражданское образование перестало быть монополией государства. Отчуждение заняло место катарсиса. Современные обстоятельства — и театр, который они создают, — ведут к новым вопросам и новым подходам при анализе политики.

Хотя политические теоретики часто признают важность античного театра, современный театр остается без внимания[5]. Это правда, несмотря на то что театр играет важную, хотя и иную

---

[4] См. [Euben 1997, 1990; Ahrensdorf 2009; Flaumenhaft 1994 (хотя автор также включает главы, посвященные Макиавелли и Шекспиру); Saxonhouse 1986; Nussbaum 1986; Honig 2009; Tessitore 2003].

[5] Заметные исключения составляют работы [Hermassi 1997; Ingram 2011; Kruger 1992].

политическую роль в современном мире. Например, в XIX веке театр служил одним из многих инструментов, с помощью которых Франция, Англия и США формировали свои нации. Развиваясь параллельно с массовой национальной политикой, национальный народный театр был пространством споров, где различные интересы боролись за создание и представление идентичности «народа» [Kruger 1992]. В XX веке театр функционировал как инструмент распространения государственной идеологии и создания официальных исторических нарративов. Создание согласованных с государством театров в таких местах, как Индонезия, Советский Союз и страны Восточной Европы, должно было ограничить дискурс государственности и подавить творческое воображение диссидентов. Однако это не увенчалось успехом, поскольку театр также служил политическим инструментом групп, противостоящих государству, для выражения инакомыслия и пробуждения жажды перемен.

В Чили во время правления Аугусто Пиночета государство набросилось на театральные труппы, критиковавшие в своих постановках действия президента: сотни актеров были заключены в тюрьмы, замучены, сосланы, оклеветаны и/или убиты [Rojo, Sisson 1989]. На Филиппинах в период с 1965 по 1986 год государство предпринимало аналогичные действия для подавления движения народного театра. В борьбе за прекращение правления Фердинанда Маркоса Новая народная армия использовала театр как основное средство воспитания инакомыслия среди людей. Армия организовывала театральные мастерские, в которых ее члены помогали сельским жителям разработать собственные местные нарративы и постановки о репрессиях и сопротивлении. Осуществляя помощь в практике актов неповиновения в контексте театрального представления, армия полагала, что предоставляет сельским жителям инструменты, необходимые для противостояния государству в контексте реального мира. В терминах армии, она создавала не актеров, а сообщество активных людей — художников, педагогов, организаторов и исследователей, — способных понимать и действовать в соответствии со своими интересами [van Erven 1987].

В XX веке театр оказался мощным политическим инструментом как для государства, так и для диссидентов в Турции [Öztürk 2006], Испании [Thompson 2012], Франции, Германии[6], Греции [Myrsiades 1995], странах восточноевропейского блока, Родезии/Зимбабве [Kaarsholm 1990], Уганде [Mbowa 1996], Южной Африке[7], Бразилии [Ryan et al. 1971], Аргентине [Graham-Jones 2001], Индии [Kamdar 2004], Индонезии [Weintraub 2004], Таиланде и Южной Корее[8]. Это далеко не весь список. И в большинстве состязаний за власть между диссидентами и государством участие в политическом театре являлось действием, за которое люди были готовы умереть. Разделение между искусством и политикой, частной жизнью и публичной/политической воспринимается как должное на Западе, но оно отсутствует в остальном мире. Там искусство является политикой, и отношение к нему проявляют соответствующее.

Почти всегда в западных демократиях театральные деятели и исполнители могут свободно выражать себя на сцене, не боясь репрессий со стороны правительства. По иронии судьбы, хотя театр «свободно» процветает на Западе, его существование — не только как политического искусства, но и действующего искусства в целом — находится под угрозой. Со времени Второй мировой войны количество театров, которым пришлось закрыться из-за нехватки средств, неуклонно росло как в Соединенных Штатах, так и в Европе. Статистика Бродвея, краеугольного камня театрального рынка США, отражает тревожные тенденции[9]: доход семьи среднестатистического посетителя театра на Бродвее составляет 195 000 долларов. 81 % посетителей бродвейских постановок имеют высшее образование по сравнению с 27 %

---

[6] Ниже будут подробнее рассмотрены примеры Франции и Германии.

[7] В статье Роберт Макларен рассказывает о своей работе в составе театральной группы, выступающей в Зимбабве, Мозамбике и Танзании [McLaren 1992].

[8] См. [van Erven 1992]. Эта книга документирует театральные движения, вдохновленные Боалом, на Филиппинах, в Южной Корее, Индии, Пакистане, Индонезии и Таиланде.

[9] Следующие данные взяты из [Hauser 2009].

американцев; 56,3 % зрителей Бродвея — люди в возрасте 50 лет и старше[10]. Почти 81 % резидентов США, посещающих бродвейские шоу, имеют европейское происхождение (по сравнению с 66 % населения страны). В 2009 году, когда проводилось цитируемое исследование, средняя стоимость билета на Бродвее составляла 83 доллара; в 2012 году стоимость выросла до 95,82 доллара. К сожалению, существует мало данных о демографических характеристиках посетителей театров региональных и местных уровней. Однако тенденция к увеличению числа пожилой, более состоятельной, лучше образованной и этнически однородной аудитории очевидна [Aucoin 2012][11]. Для нас театр становится устаревающим, элитарным времяпрепровождением. По сути, пока театр борется за жизнь в авторитарных режимах, на Западе он умирает медленной, тихой смертью.

Контраст между функцией театра на Западе в XX и XXI веках и его функцией в других местах и эпохах довольно резкий. Поскольку мы склонны рассматривать театр как еще одну форму развлечения, для нас важно увидеть и понять другие его функции. Традиция политического театра имела огромное значение на Западе, как, впрочем, и во всем мире. И она снова может стать важной. Театр — это одновременно художественное средство, помогающее нам представить альтернативное политическое будущее, и средство, позволяющее нам познать политику через искусство. Цель этой книги — напомнить о политической значимости театра. Следуя этой цели, мы сосредоточимся на моментах, когда политика и театр сливались воедино, а общественная и частная сферы жизни формировались заново — и появлялись новые возможности для человеческого общения. Такие моменты особенно важны в силу своей редкости.

---

[10] Эти цифры немного выше, чем для тех, кто посещает бродвейские мюзиклы: 71 % посетителей мюзиклов имеют высшее образование; 34,4 % в возрасте 50 лет и старше.

[11] По данным одного исследования, в США количество молодых людей, посещающих спектакли, снизилось на 23 % по сравнению с периодом 1982 по 2010 год. См. [Carew 2010]. Это исследование определяет «молодых взрослых» как людей в возрасте 18–24 лет.

В эти моменты в Англии, Германии и Франции политические драматурги могли общаться с публикой, выражать инакомыслие и культивировать сопротивление. Они часто оказывались непродолжительными, поскольку связи между драматургами и аудиторией прерывались или игнорировались, и политическое обещание театра становилось неисполнимым. Такова история XX века: периоды потерь сменяются моментами надежды, и наоборот.

Будет недостаточно изучить только пьесы. Двадцатое столетие в Европе с двумя мировыми войнами, тоталитарными режимами и безмерным насилием было контекстом, в котором экзистенциальный опыт изолированного индивидуума занял центральное положение. Чтобы понять пьесы этой эпохи, нужно обратить внимание на драматургов, которые их создали, и на конкретные обстоятельства, в которых они были написаны. Поэтому мы выбрали четырех драматургов, соответствующих общему контексту исследования, каждый из которых имеет уникальный личный опыт, являющийся примером борьбы окружающих его людей. На основе анализа четырех драматургов в четырех различных контекстах — Джорджа Бернарда Шоу (в Англии), Бертольта Брехта (в Германии), Жан-Поля Сартра (во Франции во время и после Второй мировой войны) и Эжена Ионеско (румынский эмигрант во Франции времен холодной войны) — мы предлагаем описание возможностей и ограничений театра на современном Западе.

Первых трех драматургов, о которых мы расскажем, — Шоу, Брехта и Сартра, театр привлекал возможностями, которые он открывал для политического образования, общественной вовлеченности и социальных изменений. Каждый из них верил в потенциальное политическое влияние его драмы на общество, в котором жил, и каждый смог на короткое время создать собственный тип политического театра. Однако все они впоследствии разочаровались, обнаружив, что, несмотря на все усилия, политическое влияние их работ не может быть постоянным. Эти случаи указывают на мимолетность синтеза искусства и политики, а также на трудности, с которыми сталкивались даже самые талантливые и политически активные драматурги, когда пытались сделать театр актуальным в общественной сфере Европы XX века.

Четвертый драматург, Ионеско, является примером в совершенно ином смысле, чем остальные: он стремился использовать театр как средство *бегства* не только от политической, но и от общественной жизни в целом. Он не только соглашался с кодификацией политики и театра, но также считал, что абсолютное отделение политики от театра — это единственное приемлемое условие их сосуществования. Протопостмодернистский драматург Ионеско активно участвовал в процессе лишения театра его политического содержания, создавая «искусство ради искусства». И все-таки даже Ионеско, используя театр для выражения страха и гнева своего поколения по отношению ко всем политическим системам, действовал в политических целях, закладывая основу для «антиполитического» курса грядущих революций в Восточной Европе.

Если поместить истории этих четырех драматургов на временную шкалу, то станет понятно, чем они интересны: их жизненные пути, показанные совместно, формируют более глубокое представление об изменяющейся роли политического театра в более широком контексте XX века. Основу этой книги составляют портреты Шоу, Брехта, Сартра и Ионеско. Мы анализируем, как каждый из этих писателей сталкивался с кризисами своей эпохи, размышлял о них и реагировал. Мы также рассмотрим проблемы, с которыми они сталкивались в своих попытках использовать театр в качестве политического ответа на кризис. В каждой главе драматург рассматривается как пример или «тип» — Шоу, например, буржуазного радикала, а Ионеско абсурдиста, — что позволяет развить эту тему, связывая биографический и политический нарратив с интерпретацией ключевых пьес. Эти главы задуманы как интерпретации и как «поучительные истории» о роли политического театра в XX веке. В заключительной главе мы излагаем краткие размышления о непреходящих уроках, которые можно извлечь из этих четырех примеров и из повествования об изменении театра в целом. Наша основная мысль заключается в том, что на протяжении XX века западный театр постепенно утрачивал свою отличительную политическую функцию. С одной стороны, тоталитаризм активно подавлял политических драматургов с помощью силы и принуждения. С другой стороны, либерализм сделал естественным разделение между общественной и частной жизнью, оттеснив культуру в частную сферу. Когда культура была защищена от государственного вмешательства, государство также оказалось недосягаемо для ее влияния. В этих условиях даже самые талантливые, политически мотивированные драматурги не могли существенно влиять на политический мир посредством творчества.

Вначале мы представим Джорджа Бернарда Шоу в качестве прототипа драматурга XX века. Веря в способность театра служить основой гражданского образования, способствующего развитию политической осознанности и активности, Шоу был вынужден столкнуться с реальностью, в которой традиционный театр существовал вопреки растущему разделению между общественной и личной жизнью. Уважаемый публичный интеллектуал, Шоу писал статьи с резкой политической критикой в адрес современного английского общества. Наблюдая, как мир вокруг него с приходом Первой мировой войны начал рушиться, он задавал трудные вопросы и стремился спровоцировать политическую рефлексию. Его усилия не только не увенчались успехом, но и были восприняты негативно, угрожая разрушить его карьеру. Осознав, что драматурги перестали быть лидерами общественного мнения и превратились в организаторов досуга, Шоу удалился в другие сферы — исторические, вымышленные и гипотетические, — где отказался от озабоченности политикой и публикой и вместо этого сосредоточился на далекой утопии сверхчеловека.

В миниатюре случай Шоу — это случай драматурга, живущего в либеральной демократии XX века: ожидая, что его работа будет иметь значение, драматург потрясен, обнаружив, что его место в обществе ограничено сферой развлечений. Хотя он рассматривает свою работу как вклад в общественную дискуссию и интеллектуальную жизнь сограждан, он вскоре понимает, что это не так. Когда ставки растут и он повышает голос, чтобы высказаться, ему делают выговор за то, что он не сидит тихо. Лишенный социального статуса просветителя и деятеля культуры и вынужденный существовать в частной сфере, драматург XX века становится теперь политически неуместным и уходит в миры собственного воображения. К концу века осталось мало драматургов уровня Шоу, протестующих против такого положения. Оно стало таким естественным в странах западного мира, что идея политического театра в ее более раннем виде теперь была немыслима. В итоге театр стал конкурировать с другими видами исполнительского искусства за долю на рынке развлечений. Политический театр получил новое определение как театр, который занимается исключительно политическими темами. Трудно себе представить театр, который существует внутри публичной сферы и стремится изменить ее так, чтобы разговоры о совместной жизни сообщества — о выборе, точках зрения, ответственности и создании нового — могли процветать. А пьесы Шоу, Эсхила или Брехта ставят из-за их исторической ценности как пережитки другой эпохи. Случай Шоу демонстрирует одно из ограничений театра в мире, который закрепил разделение между публичной сферой и частной жизнью.

Случай с Бертольтом Брехтом в своей основе является потенциальной иллюстрацией политического влияния, которое искусство — и театр в частности — имело в континентальной Европе после Первой мировой войны. Пережив войну в молодости, а не в зрелом возрасте, Брехт был не так подавлен ею, как Шоу. Война стала определяющим переживанием его юности, его отправной точкой. Начав карьеру после войны, Брехт использовал представления марксистской философии для создания новой драматургии, обращенной к пролетариату. Он использовал театр как пространство гражданского воспитания и политической организации: в своих учебных пьесах (*Lehrstücke*) он разоблачал механизмы капитализма и рассказывал аудитории о современных способах использования эксплуатации и отчуждения, а также о возможном будущем состоянии равенства и гуманизма. До вынужденной иммиграции из Германии в 1933 году Брехт создавал политическое искусство на общественной арене и способствовал более широкому политическому движению.

Брехт продолжал писать пьесы на протяжении всего пребывания в изгнании с 1933 по 1949 год. Будучи отрезанным от своей аудитории и чужаком в других странах, он обнаружил, что его политический театр не имел большого успеха. В Скандинавии и США Брехту приходилось писать пьесы для буржуазной публики, с которой он не имел настоящей связи. Когда он, в конце концов, вернулся домой в Восточную Германию в 1949 году, он оказался скован критикой коммунистического государства. В то время как первая половина его карьеры является примером силы, которую политический театр все еще может иметь в наше время, вторая половина является иллюстрацией ограниченности этой силы.

Из всех драматургов, о которых идет речь, именно Брехт создал тип театра, наиболее применимый к современности. Его «эпический театр» был попыткой противостоять политическому и экономическому угнетению современного мира с помощью развития у аудитории навыков критического мышления, анализа и суждения. Это по своей сути политическая драматургия, и она предлагает приемы, которые можно переносить в другие контексты. Несомненно, диссидентские театральные коллективы в Латинской Америке и Азии опирались на его творчество, используя его методы и ставя его пьесы. Его эпический театр лег в основу «театра угнетенных» Аугусто Боаля и мастерских, разработанных Новой народной армией на Филиппинах. Он представляет пример того, что можно сделать в современных условиях, и указывает на будущие возможности.

В истории Жан-Поля Сартра тоже кроется потенциальная возможность. Франция юности Сартра в эпоху *fin de siècle* была, как и Англия, вполне комфортно буржуазной. И хотя Первая мировая война уничтожила там, как и в Германии, целое поколение молодых людей, основы французского государства остались нетронутыми. До начала нацистской оккупации в 1940 году Франция была относительно стабильной капиталистической демократией. Французской публике было удобно устраивать бо́льшую часть своей жизни в частной сфере, поэтому смысла в создании театра, ориентированного на политику, не было.

Немецкая оккупация глубоко потрясла французскую общественность, она принудила французских граждан существовать публично — так как у нацистов не было ничего частного, а все было публичным — и столкнула их с политикой лицом к лицу. Период оккупации — с 1940 по 1944 год — был исключительным для Франции. Так как французский образ жизни находился под угрозой, возникла французская общественная сфера, которая действовала, иногда подпольно, как неотъемлемая часть французских военных сил.

Именно в этом контексте Сартр начал писать для театра. Его лучшие и самые известные пьесы — «Мухи», «За закрытыми дверями» и «Грязными руками» — были написаны во время войны или сразу после и внесли вклад в текущую общественную дискуссию о свободе, ответственности и этике. Пока его публика была вовлечена в политику, она была готова следовать за Сартром в его театральные миры и обсуждать проблемы и вопросы, которые он перед ней ставил[12]. Это был момент больших возможностей для французского театра XX века.

Этот период политической активности во Франции был недолгим. После войны, когда политическая и экономическая стабильность была восстановлена, народ Франции вернулся в свои личные миры, и вновь появилось старое либеральное различие между государством и гражданским обществом. К 1950-м годам Сартр понял, что «публики», для которой он писал пьесы, больше не существует. В 1959 году он написал свою последнюю пьесу, после которой отказался от театральной формы в пользу других, более научных способов коммуникации. Послевоенный французский театр снова стал развлечением для представителей буржуазии, его политический потенциал пришел в упадок[13].

---

[12] Общую информацию о театре Сартра см. в [Mayer 1971].

[13] О решении Сартра перестать писать для театра см. [Sartre 1976: 69].

Случай Сартра подчеркивает важность наличия политически вовлеченной аудитории для существования и создания успешного политического театра. Его опыт также иллюстрирует процесс, посредством которого жизнеспособная общественная сфера может возникнуть в условиях капиталистической демократии, и в то же время процесс, посредством которого эта сфера может распасться. Другими словами, возрождение театра во Франции во время Второй мировой войны имеет значение не только для будущего театра, но и для будущего любой жизнеспособной общественной сферы в условиях стабильной капиталистической демократии. Политическая и экономическая стабильность, то есть полное отделение государства от гражданского общества, сигнализирует об упадке общественной жизни, включая общественное искусство и особенно театр в традиционном понимании. Без внутренних или внешних угроз существованию государства или общества граждане не испытывают нужды взаимодействовать друг с другом в политической/общественной форме. Все необходимые взаимодействия происходят в частной сфере гражданского общества. Ни о какой публичной сфере не может быть и речи.

По сути, случай Эжена Ионеско, румынского эмигранта, показывает, что после восстановления буржуазных порядков французский театр превратился из инструмента активного сопротивления в инструмент пассивной критики. Ионеско начал писать пьесы в начале 1950-х годов. Пока Сартр сталкивался с ограничениями театра в послевоенном мире лично, Ионеско писал пьесы, которые эти ограничения демонстрировали. Первую пьесу, «Лысая певица», он написал как шутку — пародию на безвкусную буржуазную драму, заполнившую послевоенные театры Франции. Тем не менее его аудитория восприняла эту пародию как смелое отражение общественной жизни, и он быстро приобрел известность как авангардный драматург[14].

Наслаждаясь успехом, Ионеско постарался написать больше пьес аналогичного характера. Он серьезно относился к своей работе и создал серию умных, заставляющих задуматься и часто

---

[14] См. [Lamont 1993: 37–64, особенно 42].

мрачных пьес. Ни одна из них напрямую не затрагивала политические темы и не предлагала реальные политические альтернативы. И все же «абсурдизм» пьес только укрепил репутацию и популярность самого драматурга[15]. Именно в это время театральный критик Кеннет Тайнен оплакивал потерю политического в современном театре, и в рамках его дебатов с Ионеско о взаимоотношениях политики и театра они вдвоем блестяще осветили и подвели итоги этой темы. В то время как Тайнен защищал свою позицию, согласно которой политика должна иметь место в театре — по крайней мере по содержанию, если не по замыслу, — Ионеско отвергал любое упоминание о политике, которая, по его мнению, абсолютно разрушительна для искусства[16]. В долгосрочной перспективе история благоприятствовала позиции Ионеско, и причины этого очевидны. Разделение между политикой и искусством, которое восторжествовало в театре и в других видах искусства, было простым отражением разделения, которое устоялось во второй половине XX века между государством и гражданским обществом.

Карьера Ионеско является прекрасной иллюстрацией влияния его собственных представлений на роль театра. Поскольку общественность в конце концов устала от его комедии абсурда, Ионеско перешел к написанию полноразмерных пьес, все больше основанных на сугубо личном жизненном опыте. Содержание его творчества становилось все более скудным, пока, в конце концов, его пьесы полностью не зациклились на конкретных аспектах его собственной истории жизни. Значимые и болезненные моменты автобиографии инсценировались им снова и снова, по-видимому, в попытке изгнать демонов прошлого. В руках Ионеско театр превратился в солипсическую психодраму. В лучшем случае театр Ионеско выражал разочарование тех, кто видел в любой политике угрозу личной свободе. В худшем случае они

[15] О славе и известности Ионеско см. [Hayman 1976].

[16] Комментарии Кеннета Тайнена об Ионеско содержатся в его антологии «Curtains» (1961); замечательное обсуждение дискуссии Тайнена и Ионеско см. [Mayer 1971].

отражали растущую неспособность политического театра говорить с аудиторией и пробуждать ее.

Уход от политических тем, учений и потенциальных возможностей к чисто «удобоваримым развлечениям» является сигналом того, что политический театр находится под угрозой исчезновения. Сейчас, в век телевидения, кино и интернета, театрам практически невозможно конкурировать за долю на рынке развлечений. Только спектакли Бродвея и лондонского Вест-Энда способны избежать убытков, не говоря уже о получении прибыли. Изменение роли театра просто является иллюстрацией более широких социальных процессов, происходящих в капиталистических демократиях. Искусство без общественной политической функции, демонстрирующей его ценность, существует лишь по прихоти капиталистического рынка. Это пугающий факт для всех, кто посвятил себя созданию искусства, направленного не на низший общий знаменатель общества, а на кого-то и что-то уровнем выше. Без искусства, огражденного от влияния рынка, наше общество будет все больше страдать от культурной глупости, от отсутствия исторических знаний или их оценки и от растущего непонимания ценности человеческого воображения и потенциала.

Это возвращает нас к проблеме, поставленной в начале: каким образом мы как общество могли не обращать внимания на тот факт, что современное разделение между политикой и культурой является исторически новым и что именно это разделение, а не идея о том, что эти области едины, нуждается в объяснении. Краткий ответ заключается в том, что в обществе, где разделение укоренилось, и в дисциплине, которая во многом является продуктом этого общества, трудно рассматривать что-то вне категорий, которые структурируют наше мышление. Имманентная критика и рефлексивность не ценятся и не являются необходимыми действиями для достижения успеха в академических кругах или в капиталистическом демократическом обществе в том виде, в каком оно существует в настоящее время. Культурная и историческая деградация идет полным ходом. Поэтому не следует удивляться тому, что время от времени мы забываем, что действуем в пределах определенных идеологических рамок, ибо они стали настолько естественными, а мы настолько не в состоянии распознать их, что иногда упускаем из виду то, что находится у нас прямо под носом.

Следующие главы задуманы как вклад в политическую теорию в широком понимании. Наша тема, как и тема политического театра в целом, не является особо популярной в современной политической науке. И даже среди специалистов по политической теории есть те, кто ставит под сомнение уместность такого рода исследований в политологии. Эндрю Рефелд в эссе «Наступательная политическая теория» («Offensive Political Theory») дает голос этому новому «реализму» в данной области [Rehfeld 2010]. В этом — первоначально представленном в Ассоциации политической теории и недавно опубликованном в журнале «Перспективы политики» — эссе утверждается, что для того, чтобы исследование «могло относиться» к «политической теории» в политической науке, оно должно быть сосредоточено на явно политических темах, поскольку они могут наблюдаться в «объективном» мире, и предлагать тщательно сформулированные и фальсифицируемые утверждения об этих явлениях. По словам Рефелда, работа, которая не соответствует этим критериям — и он явно дает понять, что таких работ много, — не имеет отношения к «политической науке», такие исследования следует поощрять скорее в гуманитарных или междисциплинарных центрах. Это очень ограниченный и ограничивающий взгляд на то, что считается «политической теорией», и он способствует разделению политики и культуры, которое совершенно определенно является политическим и явно политически деморализующим.

Бюрократизация интеллектуальной жизни в современной науке и атрофия критической общественной культуры и критически настроенных интеллектуалов заставляют вспомнить замечание Теодора Адорно о тенденции, когда современные интеллектуалы становятся «подчиненными» индустрии культуры. По мнению Адорно, «стремясь примириться с феноменом», такие интеллектуалы просто принимают существующее обособление социальной жизни и общественное разделение труда, которое ему соответствует, как нечто само собой разумеющееся. Вследствие этого искусство и культуру относят к «неполитической» сфере, а политику приравнивают к технике и силе. Мы при написании этой книги исходили из иного взгляда на политику и общество, а также иного представления о цели политической теории. Бонни Хониг выступает против поворота к некритическому «реализму» в политической теории, призывая вместо этого к практике политической теории, стремящейся «историзировать, чтобы оживить немыслимое, невообразимое, почти забытое, иногда с помощью реконтекстуализации прошлого... а иногда с помощью отчуждения» [Honig 2010: 659]. Подобные идеи находят отражение и в последующих главах. Каждая из них представляет собой характеристику образцового драматурга XX века, все они столкнулись с пороками своего времени и стремились создать театр, который мог бы пролить свет на эти пороки и искоренить их. Присутствуют общие темы, одновременно касающиеся политики и театра в XX веке. В то же время каждая глава стоит особняком как «контрнарратив» к доминирующему нарративу современной политической науки, нарративу, который принимает как должное упадок политического театра в современной политике, в то время как он нуждается в анализе и переосмыслении.

Этот упадок требует внимания и сочувствия для театра, а также некоторых усилий по восстановлению этических и политических ресурсов, которые политический театр в свои лучшие времена всегда обещал. Эта книга задумана как одно из проявлений такого внимательного отношения. Учитывая разнообразие объектов исследования и запутанность их историй, было бы глупо делать вид, будто наш «контрнарратив» является исчерпывающим или окончательным. Вместо этого мы предпочитаем рассматривать эти характеристики и работу в целом как провокацию и как предисловие к дальнейшему исследованию и дискуссии. В этом отношении наш подход аналогичен подходу Стивена Эрика Броннера в его книге «О критической теории и ее теоретиках», и лучше всего будет закончить введение заключительным комментарием Броннера о традиции критических теоретиков XX века:

> Критическая теория не является системой и не сводится к какому-либо фиксированному набору запретов. Каждая крупная фигура в традиции критической теории, возможно, именно по этой причине использовала эссе в качестве стилистического средства. Эссе, с присущей ему незавершенностью, является логической формой для создания антисистемных утверждений и поощрения рефлексивности. Определенная логика всегда связывала воедино эссеистические усилия критических теоретиков прошлого, и это справедливо для нашего случая. Вклад одного мыслителя трактуется одним образом, а вклад другого иначе. Суть не в том, чтобы предложить нейтральный набор суждений или одинаково оценить важность каждого мыслителя традиции. Каждая глава дает новую и отличную характеристику своего объекта. Темы изменяются, и появляются новые. В работе присутствует открытость, пространство для построения связи между объектами, что, вероятно, отражает состояние философского исследования в целом и состояние критической теории в частности. Действительно, если дух эссе схож с духом критического исследования, то есть надежда, что целое окажется больше, чем просто сумма его частей [Bronner 2002: 4].

Глава 2
Джордж Бернард Шоу: театр буржуазного радикализма

Джордж Бернард Шоу родился в 1856 году и вырос в викторианскую эпоху, которая являлась периодом расцвета Британской империи. Английская промышленность была на тот момент самой передовой в Европе, государственные законы о цензуре были самыми либеральными в своем роде, в то же время буржуазия занималась активным вытеснением аристократии. В этой политически либеральной и интеллектуально богатой среде Шоу создал для себя жизнь, опираясь на свои самые сильные качества: сообразительность, проницательность в культурных и политических делах, а также способность выражать себя как в письменной, так и в устной форме. Родившись в аристократической семье на грани бедности, Шоу быстро осознал важность социального класса и связанных с ним опасностей: хотя его родители могли зарабатывать деньги, занимаясь спекуляцией или торговлей, они отказывались делать это на том основании, что для них, как для представителей класса аристократии, такая деятельность ниже их достоинства. Их решение ценить социальный статус выше материальной стабильности — и тот факт, что статус и материальное благополучие представляли собой две отдельные черты современного общества, — всегда казались Шоу странными и помогли понять, как сильно социальные нормы ограничивают здравый смысл. В отличие от своих родителей, Шоу сквозь внешний лоск аристократического превосходства видел и принимал меняющийся мир, хотя и критиковал его[1].

От аристократических корней к интеллектуальному труду, от критики к творчеству, от человека XIX века к человеку XX века — Шоу сознательно самосовершенствовался в соответствии с тем временем, в котором жил. До преклонных лет (на момент смерти Шоу было 94 года) Шоу активно участвовал в распознавании и лечении социальных и политических болезней, от которых страдали Англия и Европа. Он демонстрировал глубокую проницательность в вопросах, которые другим были не доступны для понимания, он предполагал последствия Первой мировой войны еще до ее начала и болезненно предчувствовал возможные события второй половины XX века.

Будучи буржуазным драматургом, он сосредоточил внимание на критике и деконструкции ценностей, норм и социальных структур аристократии с помощью реалистических портретов, которые одновременно опирались на традиционные аристократические театральные тропы и ниспровергали их. Начало Первой мировой войны превратило его некогда сильную социальную критику в устаревшие, излишние насмешки над классом, низвергнутым по всей Европе. После Первой мировой войны потребовался новый тип театра, который бы раскрывал новые темы времени — войну, национализм, эксплуатацию, экзистенциальную неопределенность и субъективный опыт. Шоу продолжал развивать социальную критику аристократии до 1919 года. Несмотря на то что Первая мировая война заставила его увидеть пределы ранней критики, он остался верен ключевым постулатам буржуазного мышления: вере в науку, вере в прогресс и глубокому недоверию массовой политике.

Изучение его ключевых пьес позволит показать траекторию, начинающуюся с политической активности и ведущую к поли-

---

[1] Что касается биографии Шоу, мы опирались здесь прежде всего на [Ganz 1983; Holyrod 1988].

тическому разочарованию. Далее мы изложим основной исторический контекст, в котором Шоу писал. Мы проанализируем его растущее политическое разочарование на материале трех важных пьес, каждую из которых мы рассмотрим в качестве иллюстрации этапа в его эволюции как политического драматурга. «Профессия миссис Уоррен», написанная в 1894 году, является примером социальной критики Шоу в ее лучшем виде: его мишень — гендерные и сексуальные нормы викторианской Англии, он убедительно защищает проституцию на рациональном, возможно, даже моральном основании. В процессе он разоблачает лицемерие поздневикторианских аристократических норм, а также описывает то, как буржуазное общество абсолютно все сводит к рыночным отношениям. Пьеса «Дом, где разбиваются сердца», написанная в разгар Первой мировой войны, но не опубликованная и не исполнявшаяся до 1919 года, представляет собой язвительное описание упадка культурной аристократии и ее неспособности предотвратить собственную кончину. Пьеса служит каналом выражения гнева Шоу по отношению к той части правящего класса, которая должна была защищать интеллектуальную свободу во время войны и принимать меры, чтобы не допустить участия Англии в войне, и которая, однако, совершенно не справилась с этими обязанностями. Полностью разочаровавшись в политике, Шоу ушел в собственный ламаркианский мир, основой которого выступала метафизическая концепция жизненной силы и неизбежного совершенства человека путем эволюции. Пьеса «Назад к Мафусаилу», написанная в 1921 году, это мистическое, мифическое путешествие в будущее, прочь от политических и социальных реалий современной жизни. Она демонстрирует уход Шоу от политики в мир его собственного субъективного опыта и фантазии. Сдвиг в драматической перспективе Шоу, иллюстрируемый этими тремя пьесами, является парадигмой более глубоких изменений политического театра, о которых мы расскажем ниже в контексте рассмотрения работ преемников Шоу: Бертольта Брехта, Жан-Поля Сартра и Эжена Ионеско.

Европа в *fin de siècle*

Резкий переворот в европейской культуре и политике, вызванный Первой мировой войной, невозможно понять без оценки характера и противоречий европейского общества XIX века. Рассматривая этот период, мы опираемся на представление Эрика Хобсбаума о «долгом XIX веке», охватывающем период с 1789 по 1914 год[2]. Этот период характеризовался уникальным набором социальных норм и идеологий, общих для всей Западной Европы. В экономическом плане феодальная аристократия находилась в глубоком упадке, в то время как капиталистический способ производства завоевывал позиции. Скорость, с которой происходил этот экономический сдвиг, отличалась от страны к стране: Англия и Франция были в авангарде, среди сильно отстающих числились Пруссия, Италия и Испания [Гершенкрон 2015][3]. Либеральные политические взгляды возникли одновременно с капиталистической экспансией. Призыв французских революционеров к свободе, равенству и братству эхом разносился по всей Западной Европе. В странах, где буржуазия была наиболее сильна, либеральная политика имела наибольший вес. В Англии и Франции, как и в Соединенных Штатах Америки, интеллектуалы и буржуазные политики стремились реализовать идеалы французских революционеров: они добивались гарантий политической свободы и равенства для всех граждан через право голоса, поддержку свободной торговли и ограничение полномочий государственной цензуры в печати и искусстве. Опять же, несмотря на то что уровень прогресса либеральной политики сильно различался в странах Европы — прусский милитаристский авторитаризм резко контрастировал с британским либерализмом, — либеральные идеи распространялись по всему континенту [Moore 1993][4].

---

[2] См. трехтомную историю XIX века Эрика Хобсбаума: [Хобсбаум 1999а, 1999б, 1999в]. См. также [Eksteins 1989].

[3] См. также [Tilly 1990; Gellner 1983; Tilly 1993; Phillips 1996].

[4] См. также [Skocpol 1979].

XIX век часто называют веком мира, особенно если рассматривают его в сравнении с XVIII и XX веками. В этот период между народами Европы велось мало войн. Это стало возможным благодаря широко распространенной на тот момент вере в способность человечества преодолеть варварство войны. Вера в пацифизм пользовалась особой популярностью у интеллектуалов, многие из которых считали, что война устарела. Идея, что человеческий род может отказаться от войн, была неотъемлемой частью более глубокой веры в безграничный прогресс человечества во всех сферах жизни. Представление Дарвина о физической эволюции, идеи Маркса о неизбежной коммунистической утопии и позитивистские теории Герберта Спенсера и Огюста Конта отражали и укрепляли растущую веру в то, что люди — хозяева своей судьбы. Свидетельства социального прогресса можно было найти повсюду: технологии постоянно развивались; мир держался за счет сложного баланса сил; интеллектуализм процветал, и идеалы Французской революции все больше претворялись в жизнь по всей Европе[5]. Д. Б. Бьюри заметил в своей работе 1920 года «Идея прогресса»:

> Теперь мы принимаем это как должное, мы настолько осознаем постоянный прогресс в знаниях, искусствах, организационных возможностях, услугах всех видов, что легко смотрим на прогресс как на цель вроде свободы или всемирной федерации, которая зависит только от наших собственных усилий и доброй воли[6].

Конечно, была и другая сторона XIX века, которая становится понятной в ретроспективе. Ненадежный баланс сил, достигнутый на Венском конгрессе 1815 года, хотя и просуществовал долго, по своей сути был проблематичным и нестабильным[7]. Приход

---

5 См. [Bury 1920]. См. также [Mandelbaum 1971; Nisbet 1994; Iggers 1965: 1–17; Ginsberg 1953].

6 См. [Bury 1920, вступление].

7 Классическое описание европейского баланса сил дано в [Morgenthau 2005], впервые опубликованной в 1948 году.

буржуазии к власти означал экспансию пролетариата — класса, существование которого зависело от эксплуатации и господства, и в то же время класса, который с самого начала бунтовал. Викторианская мораль загнала креативность, сексуальность и индивидуальность в рамки суровой трудовой этики и строгих социальных норм. Более того, национализм, распространявшийся по Европе со времен Французской революции, наложился на существующую политическую модель имперского завоевания. Эта комбинация национализма и империализма стала причиной упадка Европы, поскольку националистическая идеология обеспечила целые армии людей, готовых умереть за «любовь к родине». Таким образом, мрачная тень конца XIX века пала далеко и во все стороны[8].

Пришло время Джорджа Бернарда Шоу, прямолинейного интеллектуала, который даже в этот непростой момент смог оценить и сформулировать светлые и темные стороны английского общества на рубеже веков. Шоу был сложной фигурой. Во многом он почти наивно верил в силу прогресса для обеспечения социальных и политических изменений. В то же время его способность разоблачать властные отношения, лежащие в основе общественных отношений, и клеймить случаи неравенства, которые другие принимали как данность, была довольно скандальной. Как и всех остальных, Шоу навсегда изменила Первая мировая война. Однако, в отличие от большинства, он одновременно предвидел ее начало и понимал ее последствия для прогресса, который многие считали неизбежным. Пьесы, написанные им после Первой мировой войны, великолепно иллюстрируют то, как политическая мысль менялась в течение этого времени, при этом они также являются изящными произведениями искусства, которые дают метафизическую надежду в моменты политического отчаяния.

Джордж Бернард Шоу жил в обществе и для него. Будь то художественная критика, политический памфлет, спектакль или публичная речь, Шоу всегда было что сказать. Он постоянно

---

[8] См. [Hobsbawm 1992]. О «темной стороне» «прогресса» XIX века см. также [Арендт 1996].

участвовал в публичных дискуссиях по социальным и политическим вопросам и никогда не уклонялся от дебатов или споров. По словам Дэна Лоуренса и Джеймса Рамбо,

> среди многообразия занятий, которым Бернард Шоу посвящал себя в течение 94 лет жизни, самым приятным было дело профессионального спорщика. Быстро овладев диалектикой дебатов... Шоу превратился в одного из самых блестящих риторов и завораживающих ораторов своего поколения.

Действительно, еще до начала XX века, в возрасте 44 лет он с гордостью утверждал, что «обращался к разной публике более тысячи раз, побеждая соперников практически в каждом случае» [Shaw 1985: xi][9].

Сцена была одним из его любимых общественных мест, и он использовал ее, чтобы спровоцировать аудиторию присоединиться к нему в осуществлении своих прав и обязанностей в качестве граждан. Своими пьесами он призывал их серьезно относиться к политике, задумываться о своих убеждениях, принимать новые концепции морали и суждений и более внимательно относиться к обществу, которое они воспринимали как должное.

Критика Шоу аристократических ценностей

Шоу начал писать пьесы в конце 1880-х годов, когда работал музыкальным критиком в «Стар» («The Star») [Ganz 1983: 18]. Испытывая отвращение к романтизму, который доминировал в современном театре, Шоу стремился изобразить жизнь такой, какой она была на самом деле. Несмотря на растущее общественное признание материалистического экономического мировоззрения, поздневикторианское общество сохраняло моральную чувствительность, основанную на идеализации социальных ролей

---

[9] См. также [Ryan V. L. 2007].

и отношений. Надстройка аристократической жизни сохранялась даже тогда, когда ее экономический базис рушился. Казалось, что чем больше экономических позиций сдавала буржуазии аристократия, тем более настойчиво она требовала сохранения своих моральных и социальных норм[10].

Попытка аристократии подавить буржуазную мораль вряд ли способствовала прогрессу в понимании многих буржуазных радикалов и социалистов. Эти интеллектуалы и активисты считали, что добродетелям феодальной эпохи место на свалке истории, как и феодальному способу производства. Шоу, в свою очередь, был уверен в том, что ключевым условием прогресса являлось признание правды. Сюжеты о храбром солдате, добродетельной деве и христианском мученике нуждались в опровержении как мифы, которыми они в действительности и были. Лицемерие правящих классов было необходимо разоблачить и предложить альтернативную концепцию блага. Таков был проект Шоу. Согласно утверждению Чарльза Граймса,

> Шоу представляет свой политический театр как драматическое столкновение, в котором он как автор является обвинительной, внешней силой, нападающей на ту часть нашей души, которая может (хотя и смутно) сомневаться в том, что наше общество организовано справедливо или приносит пользу своим членам. Общество обвиняется в том, что оно угнетает других и ограничивает полноценную жизнь человека. Работы Шоу обнажают эти социальные проблемы, и шок от этого, моральное вмешательство, производимое пьесой, меняет наше мнение о социальных изменениях [Grimes 2001: 118].

Или, как выразился Шоу более прямо: «Я пишу пьесы с сознательным намерением обратить нацию в свою веру» [Grimes 2001: 120].

Бо́льшая часть философии прогресса Шоу восходит к его политической деятельности в качестве основателя Фабианского общества. Фабианцы были элитарной и осознанно *элитистской*

---

[10] См. [Williams 1983].

группой британских интеллектуалов, которые поддерживали радикальные социальные, экономические и политические реформы английского общества. Как и социалисты, они критиковали неэффективность и несправедливость капитализма и выступали за ряд социально-демократических реформ, в том числе прогрессивную налоговую реформу, введение минимальной заработной платы, введение системы всеобщего здравоохранения и национальной системы государственного образования. Они также поддерживали политические реформы, призванные сломить власть земельной аристократии, включая отмену наследственного пэрства и укрепление рационального государственного управления посредством реформы гражданской службы. Тем не менее, будучи социальными и политическими радикалами, фабианцы были также резкими критиками популистского дискурса и революционной политики[11]. Они стремились к постепенной реформе путем естественного прогресса разума и усиления прав и возможностей «здравомыслящих». В этом смысле они были глубоко антидемократичными. Шоу, несомненно, был одним из самых влиятельных — прославляемых и критикуемых — среди фабианцев, и его скептицизм по отношению к демократии был печально известен. Пожалуй, лучше всего это выражено в афоризме Шоу «Максимы для революционеров»: «Демократия — это когда власти уже не назначаются безнравственным меньшинством, а выбираются безграмотным большинством»[12].

Взгляд Шоу на прогресс был резюмирован в его концепции жизненной силы: сила природы, которая двигает все живое вперед с помощью физической и интеллектуальной эволюции.

---

[11] В предисловии к пьесе «Тележка с яблоками» Шоу пишет: «Как-то я наблюдал в Лондоне настоящее народное движение. Люди в возбуждении мчались по улицам города. Каждый, кто это видел, немедленно включался в общий бег. Люди бежали только потому, что на их глазах бежали другие. Тысячи несущихся во весь опор людей составляли весьма внушительное зрелище. Без сомнения, передо мною было истинно народное движение. Впоследствии я узнал, что начало ему положила корова, которая сбежала по дороге на бойню. Эта корова внесла заметный вклад в мое политическое и философское образование» [Shaw 1986: 23] (перевод А. Ставинской).

[12] О фабианстве в целом и о фабианстве Шоу см. [Griffith 1995].

Хотя дарвинизм был господствующей теорией эволюции, Шоу нашел больше вдохновения в теориях Жан-Батиста Ламарка. Дарвин и Ламарк считали изменение неотъемлемым свойством Вселенной, а эволюцию рассматривали как естественный процесс. Однако их взгляды в корне расходились относительно источника и смысла эволюции. Для Дарвина эволюция — это процесс, не зависящий от вида, происходящий постепенно и случайно. Изменения вида происходят потому, что некоторые черты больше способствуют выживаемости, чем другие. Те, у кого есть наследственные черты, необходимые для выживания, передают их своим потомкам, а особи с дефектами вымирают. Таким образом, эволюция происходит только между поколениями, посредством процесса, который Дарвин назвал «естественным отбором». Ламарк же считал, что не только наследственные черты, но и достижения могут передаваться по наследству, поэтому со временем вид может улучшать себя по своему усмотрению. В интерпретации Шоу: «[Ламарк] считал, что живые организмы изменяются, потому что хотят этого» [Shaw 1972: 271][13]. В теории Шоу — Ламарка [Hale 2010: 21][14] стремление к самосовершенствованию — жизненная сила — заставляет вид изменяться не случайно, как у Дарвина, а намеренно. Шоу так описывает процесс, который он назвал «творческой эволюцией»:

> Вам дарована жизнь, но вам хочется большего. Вы стремитесь к росту самосознания и к развитию своих способностей. Вы нуждаетесь, следовательно, в дополнительных органах или дополнительных функциях уже имеющихся органов — то есть дополнительных навыках. Вы приобретаете эти навыки, так как достаточно сильно стремитесь к ним, чтобы прилагать новые и новые усилия, пока они не приводят к успеху. Никто не знает, как и почему это происходит: мы знаем только, что это так. Мы совершаем одну неловкую попытку за другой до тех пор, пока прежний орган не видо-

---

[13] Предисловие к «Назад к Мафусаилу».

[14] Статья Хейла представляет собой превосходное обсуждение противоречивых взглядов на эволюцию, которые были популярны во времена Шоу, а также их политических последствий.

изменяется или не возникает новый орган, управляющий новым навыком, — и тогда невозможное внезапно становится возможным [Шоу 1978–1981; 6: 19][15].

Оптимизм творческой эволюции резко контрастировал с «фатализмом» теории Дарвина, которую Шоу описал как идею о том, что «мир создается без плана, цели, искусства и идеи — короче, без жизни» [Там же: 33][16].

Шоу нашел экономическую поддержку своей теории прогресса в экономических трудах Маркса. Хотя он был критиком экономических теорий Маркса и называл его теорию стоимости «грубой ошибкой» [Shaw 1970: 181], Шоу продолжал вдохновляться марксовской критикой идеологии, его верой в преходящую природу справедливости и его приверженностью историческим силам, движущим социально-экономический прогресс человечества[17]. Как он писал в работе «Что умная женщина должна знать о социализме и капитализме»:

НИЧТО НЕ СТОИТ НА МЕСТЕ... Человеческое общество подобно леднику, который выглядит как неподвижное и вечное ледяное поле, но на самом деле движется так же быстро, как река; и... его непрерывное движение вытачивает в нем трещины, из-за которых по нему смертельно опасно ходить, особенно когда эти трещины так красиво и естественно сокрыты снегом[18].

Конечно, Шоу не мог существовать без своей публики. И реакция на его работы — со стороны критиков, правительства и публики в целом — многое говорит о социальной жизни Британии XIX века. Тот факт, что Шоу потратил так много времени на критику моральных устоев его общества, говорит о том, что

[15] Предисловие к «Назад к Мафусаилу» (перевод Ю. Корнеева).

[16] Перевод Ю. Корнеева.

[17] Шоу однажды написал: «Я был трусом, пока Маркс не сделал из меня коммуниста и не дал мне веру: Маркс сделал из меня человека», цит. по: [Ganz 1983: 16].

[18] Цит. по: [Gibbs 2007: 30].

эти устои глубоко укоренились. Викторианские представления о приличии, добродетели и уважении строго блюлись и влекли социальные последствия для тех, кто осмелился их нарушить. И вот, когда Джордж Бернард Шоу представил беспринципную проститутку по имени миссис Уоррен, правительство запретило постановку его пьесы. Когда в пьесе «Оружие и человек» он высмеял романтизированную версию войны и оправдал трусость солдат, критики набросились на него, публика была возмущена. Пьесы Шоу разоблачали лицемерные аристократические нравы и высмеивали тех, кто воспринимал их всерьез. И бурная реакция, которую они вызывали, демонстрировала убедительность его критики, поскольку его пьесы доказали, что «респектабельное общество» больше заинтересовано в соблюдении приличий, чем в серьезном обсуждении политических вопросов, представляющих общественный интерес. Споры вокруг театра Шоу касались вопросов, которые позже казались настолько мелочными, что вызывали лишь смех. Только в поздневикторианском XIX веке могли возникать такие публичные скандалы из-за того, что вымышленные персонажи не раскаялись, а, наоборот, гордятся своим «грехом».

Шоу ненавидел такое лицемерие и ограниченность и намеревался избавиться от них. То, что он говорит об Ибсене в «Квинтэссенции ибсенизма», может быть распространено на его собственный драматический замысел:

> Когда он [драматург] может ранить людей в самое сердце, показывая [sic] им подлость или жестокость того, что они сделали вчера и собираются сделать завтра, все старые трюки, чтобы поймать и удержать их внимание, становятся глупейшим из излишеств... Ибсен изменил ужасное искусство меткой стрельбы по зрителям заманиванием их в ловушки, фехтованием с ними, всегда целясь в самое больное место их совести.

Как пишет Мартин Вайзель в книге «Шоу и революция: политика пьес», пьесы Шоу «предназначены для достижения состояния чувств, часто включающих беспокойство и неразрешенное напряжение, которые способны вызвать необратимые изменение сознания и привести к социальным изменениям»[19].

Для выполнения этой задачи Шоу адаптировал стандартные жанры и тропы народного театра — в основном мелодрамы, героического романа и фантасмагории, — которые он считал поверхностными и абсурдно шаблонными. Как пишет Лиза А. Уайлд в «Эпическом театре Шоу»,

> Шоу осудил как мелодрамы XIX века, так и хорошо поставленные пьесы... [и] их тривиальные интриги... Его произведения не отличаются особой радикальностью структуры; наоборот, они ниспровергают привычные современные формы — мелодраму, драму супружеской неверности, романтическую драму — даже прямо заимствуя в некоторых случаях сюжеты из популярных пьес Бусико и Байрона для привлечения зрителей в театр [Wilde 2006: 136].

Убаюкивая свою аудиторию до состояния удовлетворенности знакомыми темами и структурами, Шоу затем обманывал их ожидания, вызывая огромный шок. Позже Бертольт Брехт одобрительно отзывался о «наслаждении от подрыва основ» [Ibid.][20], испытываемом Шоу. Все ранние пьесы Шоу посвящены конкретному социально значимому вопросу, посредством которого Шоу ниспровергает социальные устои и выражает свою фабианскую политическую точку зрения.

Например, «Профессия миссис Уоррен» берет знакомую пьесу о куртизанке и переворачивает ее с ног на голову[21]. В то время такие пьесы укрепляли общепринятую мораль в отношении проституции, навязывая морализаторский финал главной героине — хотя куртизанка могла быть красивой и кающейся, в конце концов она получала то, что заслуживала. Шоу описывает театральную условность пьес о куртизанках следующим образом:

---

[19] Обе цитаты приводятся по: [Grimes 2001: 119–120].

[20] Предыдущая цитата также со с. 136. Полное обсуждение театральных тропов того времени см. также в [Meisel 1963].

[21] Полное обсуждение пьесы о куртизанке см. в [Valency 1973: 93–95].

представители профессии миссис Уоррен допускаются на
сцену, только когда они красивы, изысканно одеты, живут
в роскоши и хорошо питаются; в конце пьесы они также
должны умереть от чахотки под сочувственные рыдания
зрителей или выйти в соседнюю комнату, чтобы покончить
с собой, или, по крайней мере, их защитникам следует их
вышвырнуть и отправить для «покаяния» к их старым
и верным любовникам, которые обожали этих женщин,
несмотря на их распутство[22].

Однако в версии Шоу проститутка миссис Уоррен никогда не
извиняется за свое призвание. Наоборот, она открыто утверждает, что ее выбор профессии свидетельствует не только о высоком
интеллекте, но также о мужестве и самоуважении. Когда ее дочь
Виви говорит об унизительности положения миссис Уоррен, та
отвечает: «Так неужели нам с Лиз (ее сестрой) было оставаться
в дурах, чтоб другие, нанимая нас в кельнерши, продавщицы,
кассирши, торговали нашей красотой, когда мы сами могли
торговать ею и получать на руки не какие-то гроши, а всю прибыль сполна? Как же, держи карман!» [Ibid.: 249][23]. Когда Виви
возражает, спрашивая: «И вы в самом деле ни капельки не сомне-
ваетесь... и... и не стыдитесь?», миссис Уоррен саркастически
отвечает: «Нет, милочка. Ведь это только так принято стыдиться,
этого от женщины ждут». Далее в том же диалоге она, однако,
высказывается на тему стыда вполне серьезно: «Нет, по правде
сказать, я никогда ни капельки не стыдилась. По-моему, я имею
право гордиться, что мы все так прилично устроили, и никто про
нас слова худого не скажет; и нашим девушкам всегда хорошо
жилось» [Ibid.: 251]. Действительно, миссис Уоррен защищается
рациональными и практическими аргументами и лишена эмо-
циональности и раскаяния. И в конце пьесы ее не постигает
никакая ужасная участь.

Ее дочь, возмущенная неподобающим поведением матери,
отказывается от денег и общества матери. Хотя миссис Уоррен

---

[22] Предисловие к «Профессия миссис Уоррен», в [Shaw 1946: 186].

[23] Здесь и далее перевод Н. Л. Дарузес.

убита горем, она не просит прощения, как диктует условность, а принимает желание дочери, и их пути расходятся. Эффект, производимый этой концовкой, усиливается за счет того, что Виви отказывается от предложения красивого аристократа Фрэнка. Она делает это не для того, чтобы выйти замуж за другого или добиться чьего-то расположения, а просто потому, что «мне не нужно матери и не нужно мужа» [Ibid.: 284]. Виви разрывает отношения с семьей, чтобы заняться карьерой. Здесь не может быть счастливого финала, по крайней мере в традиционном смысле. Отрезвляющая концовка оставляет каждого персонажа наедине с его печалями, но также она демонстрирует и трансформацию героев: они становятся самостоятельными, осознанными личностями, которые управляют своей собственной жизнью. Какой бы интересной ни была эта перспектива с философской точки зрения, отсутствие поцелуев и слез очень расстраивало театральную публику XIX века. Шоу поразил зрителей. Несомненно, именно благодаря будоражащему сознание изображению жизни проститутки и ее гордости английские цензоры запретили постановку пьесы на 31 год. Она была написана в 1894 году, частная постановка состоялась в 1902 году, полноценно же пьеса была поставлена в Англии лишь в 1925 году[24].

Шоу писал такие произведения, как «Профессия миссис Уоррен», не только для того, чтобы взволновать аудиторию и королевских цензоров. Ему нужно было заточить политический топор, и он обнаружил, что можно вести беседу с интеллигенцией в печати, но достучаться до широкой публики получается гораздо эффективнее с помощью пьес. Наполненная юмором и остроумием, каждая из пьес Шоу содержала очень серьезное высказывание касательно актуальных социальных и политических проблем. Объясняя, почему он объединил пьесы «Профессия миссис Уоррен», «Дома вдовца» и «Сердцеед» в цикл «Пьесы неприятные», Шоу писал: «Я использую здесь драматическое действие для того,

---

[24] Согласно [Valency 1973: 102], постановка 1902 года «крайне осуждалась в прессе».

чтобы заставить зрителя призадуматься над некоторыми неприятными фактами». Далее он поясняет:

> Здесь мы сталкиваемся... с социальными язвами, происходящими оттого, что средний доморощенный англичанин, пусть даже вполне порядочный и добрый в частной жизни, представляет собой весьма жалкую фигуру как гражданин: с одной стороны, он требует, чтобы ему совершенно бесплатно водворили на земле Золотой век, с другой стороны, он готов закрыть глаза на самые гнусные безобразия, если для пресечения их надо хотя бы на один пенс повысить те подати и налоги, которые он платит [Шоу 1978–1981; 1: 22].

Действительно, ранняя шовианская[25] миссия включала два взаимосвязанных элемента: разъяснение материальных причин рассматриваемой социальной проблемы и критику устаревших моральных кодексов, препятствующих принятию эффективных мер для решения этой проблемы. В пьесе о куртизанке, например, Шоу позволяет миссис Уоррен объяснить экономическую логику, стоящую за ее выбором профессии, настолько разумно, что с логикой ее выбора трудно поспорить. В то же время отчаяние Виви в ответ на откровение ее матери и ее последующий отказ иметь с ней что-либо общее обусловлены моральными устоями времени. Мы сочувствуем обеим женщинам, хотя признаем, что они не могут воссоединиться в нынешних реалиях. Негласная позиция Шоу здесь, как и везде, заключается в том, что полнейшего краха удалось бы избежать, если бы общество было открыто для изменений. Разум, логика и основанный на них моральный кодекс — вот что необходимо для социального прогресса. Миссис Уоррен и ее дочь являются жертвами общества, застрявшего в аристократической древности, но так быть не должно. Шоу настаивает на том, что моральные нормы давно пора привести в соответствие с объективной реальностью.

Другие пьесы, являющиеся частью ранней шовианской миссии социального прогресса, включают «Дома вдовца», посвященную

---

[25] Шовианский — прилагательное-производное от Шоу.

проблеме землевладения в трущобах, «Майор Барбара», которая разъясняет глупость частной благотворительности, и «Сердцеед», в которой брак представляется чем-то устаревшим и ненужным. В каждом случае Шоу демонстрирует, что социальные недуги современного общества обусловлены не индивидуальными пороками, а структурными проблемами в общественном порядке — проблемами, которые можно решить только при правильной постановке диагноза.

В большинстве пьес Шоу уделяет равную долю внимания социальной проблеме и аристократическим моральным нормам, которые эту проблему усугубляют, но иногда он сосредоточивается исключительно на аристократических вкусах. В таких пьесах Шоу использует существующие театральные жанры и типы персонажей, чтобы изменить их в соответствии со своими потребностями. В результате его пьесы становятся менее шаблонными и более самобытными. Поскольку основное внимание направлено на идеологию и в меньшей степени на конкретную проблему, Шоу способен наполнить эти пьесы большим количеством личных убеждений и своеобразным видением прогресса. Пьеса «Человек и сверхчеловек», законченная в 1902 году, пожалуй, лучше всего выражает раннюю философию прогресса Шоу. Однако каждая из «Пьес неприятных» затрагивает эти темы.

Шоу представил свою самую популярную пьесу «Пигмалион» английской публике 11 апреля 1914 года. До этого она с большим успехом прошла в Германии. Пьеса представляет собой искусное сочетание острого юмора Шоу с его философией прогресса. Элиза Дулиттл, «уличная девчонка» с ужасным акцентом кокни и неправильным произношением, благодаря Генри Хиггинсу, специалисту по фонетике, превращается в красноречивую благовоспитанную красавицу, которую в один момент ошибочно принимают за принцессу. Под комедией скрывается описание Шоу жизненной силы в действии: он показывает, что классовое разделение не естественно, что это изменчивая условность, без которой мы как общество вполне бы могли обойтись. Как только уличные девчонки во всем мире обретут социальное положение, равное положению представителей высшего общества, жизненная сила проявится, и те, у кого превосходные гены, найдут друг друга, как находит Элиза своего будущего мужа Фредди. Прогресс не остановить, это общество, в котором лучшие мужчины и женщины создадут лучшее поколение сверхлюдей, может возникнуть — и оно возникнет.

Отчасти гениальность «Пигмалиона» состоит в том, что, в отличие от «Человека и сверхчеловека», философия Шоу явно никем не озвучена в пьесе; она дана фоном, к которому не нужно привлекать дополнительное внимание зрителей, чтоб они получили пользу, вместе с тем этот фон не уменьшает драматургической значимости произведения. Премьерный показ 11 апреля получил массу положительных отзывов от публики и критиков. Шоу наконец создал идеальное сочетание драматической формы с политическим содержанием. «Пигмалион» навсегда закрепил за ним статус великого английского драматурга[26].

Как и в случае с другими пьесами, возникали, конечно, и неоднозначные реакции. В сцене, в которой еще не до конца образованная Элиза посещает мать Хиггинса и ее гостей из высшего общества, она случайно возвращается к своим старым привычкам, говоря «черт возьми» с безупречным произношением. Использование в пьесе нецензурного слова «черт» вызвало крупный скандал. Стэнли Вайнтрауб пишет, что некоторые зрители громко смеялись над репликами, в то время как другие были так оскорблены, что освистали актеров во время финального выхода на поклон. Критики также разделились: обсуждая эту тему, многие не могли осмелиться напечатать ругательство и вместо этого использовали звездочки и намеки для передачи смысла слова. Гневные письма в редакцию по поводу этого слова печатались неделями, и секретарь Ассоциации театральных антрепренеров попросил антрепренера постановки убрать это слово из текста ролей для остальных показов[27]. Поразительно, что в апреле 1914 года, всего за несколько месяцев до «выстрела, который

---

[26] См. [Valency 1973: 312–313; Weintraub 1971].

[27] См. [Weintraub 1971].

услышал весь мир», такая мощная общественная энергия могла быть направлена на обсуждение использования в пьесе широко распространенного, но «неприличного» слова.

Первая мировая война — испытание прогресса

Шоу стал известен благодаря своим нападкам на социальную систему, а также бесцеремонному и проницательному рассмотрению и осуждению с позиции постороннего. Самодовольное правительство и общество, которым насмешки Шоу почти не угрожали, терпели его выходки, хотя часто подвергали цензуре. Однако когда участие Англии в войне стало неизбежным, ставки возросли. Как пишет Криста Зорн:

> Демократическая функция критического интеллектуала была поставлена под сомнение во время Первой мировой войны, когда страх и неуверенность подавляли различные мнения и правительства требовали конформизма. Критические общественные голоса... оказывались временно маргинализированными, когда они со своей независимой позиции выражали несогласие, выходящее за рамки национальной идентичности [Zorn 2008: 189].

Англия, самая либеральная страна в Европе, таким образом, быстро низвергла своего самого проницательного критика.

Хотя Шоу критиковал внешнюю политику английского правительства в месяцы, предшествовавшие объявлению 4 августа войны Германии, однако он никогда не выступал против участия Англии в этой войне. В своем стиле в статьях, которые он писал до этой даты, и в политическом памфлете «О войне с точки зрения здравого смысла» он подчеркивал сходство между немецкими милитаристами и юнкерами и английскими милитаристами и аристократами. Он настаивал на том, что «юнкеры характерны не только для Пруссии» [Shaw 1931: 26] и что война ведется не из-за национализма или героизма, а из-за конфликта материальных интересов двух стран с аналогичной социально-экономической структурой. Шоу писал: «Не нужно больше чепухи про прусского волка и британского ягненка, прусского Макиавелли и английского проповедника. Мы не можем кричать годами, что мы ребята бульдожьей породы, а потом вдруг прикинуться газелями»²⁸. Довоенное решение Шоу, призванное помочь избежать надвигающегося краха международных отношений, предполагало заключение договора между Англией, Германией и Францией, при котором Англии пришлось бы встать на сторону жертвы в случае конфликта между Германией и Францией [Ibid.: 11]. Эта стратегия явно вписывалась в современную военную парадигму: чтобы не допустить дисбаланса сил между странами, необходимо создать неприятные последствия, побуждающие все стороны поддерживать существующее равновесие²⁹. После начала войны Шоу попытался объяснить публике, что на самом деле представляет собой война и почему романтические настроения и национальная пропаганда были опасны для Англии.

Вполне разумные для Шоу, эти слова не только всколыхнули общественность и испугали правительство, но и возмутили его интеллектуальных друзей. Такие высказывания, как: «Без сомнения, героическое средство против этого трагического недоразумения [войны] заключается в том, чтобы и та и другая армии перестреляли своих офицеров и отправились по домам собирать урожай в деревнях и совершать революцию в городах» [Shaw 1931: 24]³⁰, заставили его ближайших фабианских друзей, Беатрису и Сидни Вебб, отстраниться от него. Публикация его статей о войне создала негативную репутацию их газете «Нью стэйтсмен» («The New Statesman»), и хотя они хотели поддержать Шоу, они не разделяли его взглядов на войну и его страсти к обсуждению этой темы³¹. Вся потенциальная английская интеллектуальная оппозиция была привлечена на сторону правительства, которое создало коалицию военной пропаганды и заручилось поддержкой самых

²⁸ См. [Shaw 1931: 30].
²⁹ См. [O'Leary 2008: 181–185].
³⁰ Перевод Б. М. Носика.
³¹ См. [Weintraub 1971: 29–33].

известных интеллектуалов страны, писавших теперь в поддержку войны. Полностью изолированный, Шоу продолжал публиковать свое мнение, которое высмеивалось и неверно цитировалось прессой в Англии и Соединенных Штатах. Шоу столкнулся с публичной диффамацией и огромным падением популярности. Многие его пьесы бойкотировались, а многие соратники оказались в тюрьме в соответствии с Законом о защите королевства [Zorn 2008: 193]. Как пишет одна из исследовательниц:

> Лондонские газеты нападали на Шоу за то, что Германия для него была духовной родиной, и впоследствии предостерегали зрителей от просмотра пьес автора «О войне с точки зрения здравого смысла». В 1915 году он был исключен из Клуба драматургов. К 1916 году он оказался в опасном положении: ни одна театральная труппа в Англии не включила в репертуар его пьесы.

Она продолжает: «Поскольку война затягивалась, а правительство ужесточало наказания за инакомыслие, Шоу подвергался публичной критике, особенно со стороны Герберта Уэллса, до такой степени, что он стал персоной нон грата, что серьезно сказалось на его литературной карьере» [Zorn 2008: 194, 197]. Трейси Дэвис отмечает в книге «Джордж Бернард Шоу и социалистический театр»: «Утверждая, что благополучие мира важнее, чем благополучие отдельной нации... он в одночасье превратился из литературной суперзвезды в ненавистного предателя» [Davis 1994: 104]. Общественная сфера, которую Шоу всю жизнь помогал укреплять, вдруг стала уменьшаться в размерах: только голоса, которые громогласно возвещали о победе Англии на поле боя, признавались законными. Все несогласные были объявлены предателями или сумасшедшими[32].

Благодаря Первой мировой войне патриотизм выступил в качестве национального оружия в условиях международного кризиса. По всей Европе государства и правящие классы мобилизовали общественность на борьбу с врагами нации. Пацифи-

---

[32] См. [Ryan V. L. 2007].

стам и социалистам предлагался выбор: воевать за свое государство или быть осужденными за предательство. Вера в то, что Второй интернационал убедительно докажет значимость пролетариата и неотвратимость международной всеобщей забастовки, оказалась наивной. Социал-демократическая партия Германии не смогла выполнить обещание предотвратить войну; затем, одна за другой, социалистические группы в других странах капитулировали перед требованиями правительств и общественности [Bronner 2001: 108].

Англия не была исключением из списка стран, оказавшихся в ловушке национально-патриотического порыва. Так как Шоу выступал против националистической повестки, его положение резко изменилось, и из уважаемого интеллектуала он превратился в изгоя общества. Вместе с его карьерой рухнула и его вера в прогресс человеческого рода. Удивительные технологии XX века использовались для того, чтобы убивать миллион человек в одном сражении. Экономические законы прогресса, изложенные Марксом, не соответствовали империалистическим стремлениям национальных лидеров, жаждущих разрушения. Импульс жизненной силы для развития вида подавлялся нигилистическим настроением, которое никто, казалось, не мог контролировать. Самые передовые умы в самой передовой стране в Европе оказались одурачены человеческим стремлением принадлежать чему-то большему, чем он сам.

Отчаяние Шоу было очень личным. И все же он был не одинок. Первая мировая война разрушила надежды целого континента: в первые недели, когда обе стороны считали, что война закончится к Рождеству, лишь немногие элиты предвидели грядущее уничтожение. Но когда наступило Рождество 1914 года, а за ним еще одно, и еще, а кровопролитие так и не прекратилось, европейское общество осознало долгосрочные последствия войны. К 1918 году Европа лежала в руинах, ее будущее изменилось навсегда[33]. Бернард Шоу с разбитым сердцем возвращается в театр[34].

---

[33] См. [Eksteins 1989].

[34] См. [Weintraub 1971].

Туманное будущее — жизнь после Первой мировой войны

Во время войны Шоу не ставил новых пьес. Он посвящал время и силы написанию политических памфлетов и публичным выступлениям. И все же он начал писать пьесу, которая была завершена и опубликована лишь в 1919 году. Пьесе «Дом, где разбиваются сердца: фантазия в русском стиле на английские темы» было суждено стать одной из самых известных работ Шоу. Вдохновленный непримиримым осуждением А. П. Чеховым землевладельческих классов в России, Шоу изобразил портрет «культурной, праздной Европы до войны» [Shaw 1981: 614][35]. Описывая безумства аристократической семьи в загородном поместье, Шоу дает свою самую критическую оценку невежеству, безответственности и бесполезности отжившего социального класса, который скоро будет искалечен — но не раздавлен — войной.

В центре сюжета сердечные терзания Элли Дэнн, гостьи семьи Хэшебай. Эта пьеса Шоу построена как знакомая история об ухаживании и предложении руки и сердца, полная мелодраматизма и романтики. Но это всего лишь фасад для публики и для Элли, которая приезжает в дом Хэшебай за советом к своей подруге Гесионе относительно того, следует ли ей выйти замуж по любви или по расчету. Затем в дом прибывают два ее жениха, запуская основное действие пьесы. Если бы эта пьеса была написана до войны, ситуация представляла бы собой комедию и мелодраму, или, в случае Шоу, комедию с социальным подтекстом — Элли в конечном итоге пришлось бы выбирать между женихами или остаться одинокой, как и другим героиням Шоу. Именно такой сценарий развития событий ожидает Элли. Но «Дом, где разбиваются сердца» — необычная пьеса, и, как обнаруживает Элли, дом Хэшебай, который она позже переименовала в «Дом, где разбиваются сердца», — необычное имение. По мере того как реальность Элли медленно рушится, она — и публика вместе с ней — приходит к выводу, что все, что она думала и во что верила, было неправдой.

---

[35] Предисловие к «Дом, где разбиваются сердца».

Мужчина, которого она любит, на самом деле мистер Гектор Хэшебай, муж ее подруги, который солгал о себе и преувеличил свои благородные качества и гражданское мужество, чтобы привлечь ее внимание. Босс Менген, капиталист, желающий на ней жениться, на самом деле разорен — он должен инвесторам и не имеет собственных средств к существованию. Кроме того, он бездарный трус, когда дело доходит до управления служащими и его собственными вложениями. Элли думала, что Менген облагодетельствовал ее отца, но затем она с ужасом узнает, что на самом деле Менген привел его к банкротству. Леди Эттеруорд, хотя и казалась идеальным образцом грации и красоты, фальшива во всех отношениях. Даже ее прекрасная прическа, которой Элли восхищалась, «слишком красива, чтобы быть правдой» [Shaw 1981]. Убитая этими откровениями, Элли решает в конце пьесы выйти замуж за капитана Шотовера, пожилого хозяина «Дома, где разбиваются сердца», потому что он честен, хотя и совершенно беспомощный.

В заключительной сцене слышно, как вдалеке взрываются бомбы. Этот звук вызывает воодушевление и радость у присутствующих. Мистер Хэшебай, один из многих лишенных достоинства мужчин «Дома, где разбиваются сердца», включает свет и открывает все шторы в доме, пытаясь помочь немцам попасть в цель. Гесиона говорит Элли: «Вы слышали взрывы? А этот звук в небе? Чудесно! Точно настоящий оркестр! Бетховен» [Ibid.]. Пока все сидят снаружи, радостно предвкушая гибель, одна бомба падает не на дом, а в песочную яму, где прятались только капиталист и вор — «два деловых человека» [Ibid.]. Сильно разочарованные, персонажи утешают друг друга надеждой, что бомбардировщики вернутся завтра. В последний момент пьесы миссис Хэшебай поворачивается к Элли и говорит: «Но какое замечательное ощущение! Я думаю — может быть, они завтра опять прилетят». Элли, как написано в ремарках, «сияя в предвкушении этого», отвечает: «Ах, я надеюсь на это!» [Ibid.].

Никогда прежде Шоу не выражал в столь полной мере свое негодование по отношению к аристократии. В комментарии к пьесе «Дом, где разбиваются сердца, и зал для верховой езды»

Шоу поясняет, что есть два вида аристократической безответственности. Первый характеризует тех, кто, как жители «Дома,
где разбиваются сердца», погрязли в культуре и искусстве и цеплялись за романтические идеалы красоты и свободы. Эти элиты
игнорировали все практические вопросы: «Они ненавидели политику. Они не желали реализовать утопию для простого народа:
они желали в своей собственной жизни реализовать любимые
романы и стихи и, когда могли, не стесняясь жили на доходы,
которых вовсе не заработали» [Ibid.]. Другая категория аристократов — те, кто проживал, по выражению Шоу, в «Зале для
верховой езды» — не интересовалась искусством и культурой
и жила только политикой, потреблением и охотой. Именно эти
люди несли ответственность за провал дипломатии, который
привел к Первой мировой войне; эти мужчины с «воспитанием»
должны были сделать все возможное, чтобы сохранить мир, но
они ценили собственную политическую карьеру выше общего
блага.

> Если говорить коротко, власть и культура жили врозь.
> Варвары не только буквально сидели в седле, но сидели они
> и на министерской скамье в палате общин, и некому было
> исправлять их невероятное невежество в области современ-
> ной мысли и политической науки, кроме выскочек из
> счетных контор, занятых не столько своим образованием,
> сколько своими карманами [Ibid.].

Гнев Шоу по поводу замкнутости обитателей «Дома, где разбиваются сердца» проявляется на протяжении всей пьесы.
Особенно красноречивы сцены, в которых члены семьи демонстрируют осведомленность о том, что Европа движется к военной
катастрофе, и мгновенно уходят от политической темы, предпо-
читая вместо этого цитировать Шелли, обсуждать Шекспира или
говорить о любви. Персонаж Элли — молодая художница, иллюстрирует всеобщее тупоумие. В один момент она заявляет:
«Выходит, что в мире нет ничего настоящего, кроме моего отца
и Шекспира» [Ibid.]; хотя затем становится совершенно ясно, что
она неправильно понимает намерения своего отца и неверно

истолковывает тексты Шекспира. Кстати, Шекспир играет заметную роль в пьесе «Дом, где разбиваются сердца» отнюдь не случайно. Шоу однажды описал шекспировских персонажей как

> витающих в облаках существ без каких-либо обязательств перед обществом. Все персонажи Шекспира таковы: поэтому они кажутся естественными нашему среднему классу, который живет комфортно и безответственно за счет других людей, не стыдится и даже не осознает этого[36].

Персонажи Шоу в «Доме, где разбиваются сердца» являются шекспировскими в этом смысле: они проводят время, плывут по течению пьесы, не предпринимая никаких действий, кроме бесплодного флирта, абстрактных дискуссий об искусстве и неосознанного принятия грядущего апокалипсиса.

Пожалуй, самый шекспировский персонаж пьесы — капитан Шотовер, часто описываемый театральными критиками как фигура, похожая на Лира. Морской капитан в отставке, который когда-то бросал вызов природе и путешествовал по миру, теперь Шотовер — полусумасшедший пьяный старик, который на протяжении всей пьесы бросает только мимолетные комментарии. Он сочетает пародию с пророческой мудростью; и хотя он рассказывает о том, как пережить шторм, он совершенно бесполезен, так как не имеет контроля над собственным домом и домашним хозяйством. Он проводит дни, готовясь взорвать мир. В то же время Шотовер передает ощущения дрейфа и отсутствия ответственности и контроля, которые характеризуют «Дом, где разбиваются сердца», корабль государства и сам мир на грани войны. Мадзини, заявляющему, что в политике никогда ничего не происходит, капитан Шотовер возражает: «Ничего. Кроме того, что корабль пьяного шкипера разбивается о скалы, гнилые доски разлетаются в щепы, ржавые болты разъезжаются, и команда идет ко всем чертям, как крысы в капкане». Он советует всем мужчинам вокруг «изучить, в чем заключаются ваши обязанно-

---

[36] Цит. по: [Loftis 2009: 55].

сти настоящего англичанина»: «Навигация. Изучите ее и живите» [Shaw 1981: 731–732]. К сожалению, на его призыв никто не обращает внимания.

Слова Шотовера остаются без внимания, и пьеса заканчивается на нигилистской ноте. Ни один персонаж фактически не представляет ничего ценного, и все они принимают собственную гибель. Как пишет Десмонд Хардинг: «Пьеса до сих пор остается замечательным и даже пугающим описанием культурно-исторической травмы именно потому, что, как ни парадоксально, [в ней] "мало что происходит, кроме конца цивилизации"[37]» [Harding 2006: 6].

Полный разрыв между теорией и практикой, культурой и политикой, «Домом, где разбиваются сердца» и «Залом для верховой езды» создал ситуацию, которую можно было избежать в тот момент, когда «премьер-министр должен был сделать выбор между варварством и Капуей. И трудно сказать, какая из двух обстановок больше вредила политике государства» [Shaw 1972: 616][38]. Это было справедливо не только для Англии, но и для всей Европы. Чехов был провидцем, который увидел упадок культурной аристократии в России; для Шоу такая же тенденция существовала во Франции и в Германии. Кризис лидерства, пронизывающий «половину столетия, когда оно уже уходило в небытие» [Ibid.: 620], в большой степени случился из-за нежелания образованных людей встать за штурвал государственного корабля.

Неясно, какое значение следует придавать пониманию Шоу политики, которая привела к войне. Его предположение о том, что жители «Дома, где разбиваются сердца» не должны были уступать политическую власть тем, кто интеллектуально ниже их, противоречит его социалистическому прошлому и политическим убеждениям. Многие представители аристократии осознавали, что их образу жизни приходит конец. Они перестали управлять экономикой и точно так же логично отошли от политики — от надстройки. Как социалист, Шоу должен был не только это предвидеть, но и поддержать: отстранение аристокра-

---

[37] Альфред Турко, цит. по: [Harding 2006: 6].

[38] Предисловие к «Дом, где разбиваются сердца».

тического класса от политической власти традиционно рассматривалось левыми как признак здорового прогресса. По логике вещей, его гнев и разочарование должны быть направлены не на жителей «Дома, где разбиваются сердца», из-за того, что они уступили власть, а на членов парламента, которые фактически несли ответственность за войну, — то есть обитателей «Зала для верховой езды», которые играли в империалистскую игру «Ястреб — голубь», не заботясь о последствиях.

Именно здесь элитизм Шоу становится совершенно поразительным. Как фабианский социалист, он верил в экономическое равенство, но не в демократию. Его критика демократии, хотя иногда и представлена в пьесах, чаще встречается скорее в его предисловиях к пьесам и другим произведениям. Избирательная система того времени не способствовала чистой демократии, и народные массы были еще недостаточно образованны, чтобы управлять собой. Фабианцы были социалистами не потому, что не верили в аристократию, а потому, что они не соглашались с нынешней правящей аристократией — плутократией помещичьего дворянства и богатых капиталистов. Шоу считал крайне важным, чтобы те, кто находился у власти, — особенно те, кто определял внешнюю политику, — были образованными, с высокими интеллектуальными способностями, а также чтобы они уважали и ценили культуру всей европейской цивилизации. В общем, правящий класс должен был состоять из таких людей, как сам Шоу и его фабианские сторонники. Тем не менее эта группа полностью провалилась, пытаясь творчески осмыслить политическую ситуацию и защитить тех, кто, подобно Шоу, выступал против войны. Внезапное и полное погружение в варварство разбило его сердце.

Возрождение жизненной силы

Оглядываясь назад, Шоу ясно распознал мрачные предзнаменования XIX века. Горячая вера в научный прогресс, нанесшая смертельный удар по религиозной нравственности, имела разрушительные последствия. После первоначальной оценки войны Шоу сформулировал более сложное — и менее целостное — объяснение, рассматривающее одержимость XIX века прогрессом как неизбежно ведущую к огромным разрушениям. Проблема, по мнению Шоу, коренилась в распространенном понимании — или, вернее будет сказать, непонимании — эволюции. Неодарвинизм, популярная версия дарвиновской теории «случайного отбора» (выражаясь словами Шоу), возвысил человечество над областью морали (или за ее пределами): «выживание сильнейших» проложило путь политическому, экономическому и социальному оппортунизму ценой моральных обязательств перед другими людьми или перед обществом в целом. В результате возник безбожный мир, в котором европейские народы, каждый из которых верит в свое превосходство над другими, без колебаний вступали друг с другом в борьбу на выживание. Раз начав, они не могли остановить конфликт, ибо для них не существовало логики или убеждений, на основе которых можно было прекратить огонь. Только истощение могло замедлить темп событий, которые развивались до капитуляции Германии в 1918 году.

В 1921 году Шоу заглянул в будущее Европы и увидел потенциал, с одной стороны, для значительного развития, а с другой — для полного уничтожения. В итоге он смог смириться с войной, сосредоточившись на трансцендентных вопросах, главный из которых был связан с жизненной силой. Как и многие интеллектуалы, не оправившиеся от ударов войны, Шоу чувствовал себя наиболее комфортно, отступая из практической политики в область воображения[39]. Там он мог пересмотреть свои теории человеческого прогресса, чтобы приспособить их к миру, в котором уничтожение человеческого вида стало реальной перспективой.

Понимая, что реакцией общества на науку и технику, которые привели к войне, может стать возвращение в темные религиозные

---

[39] Классическое описание субъективного поворота, который произошел в межвоенные годы, представлено у [Адорно 2020]. См. также [Bronner 1999], особенно главу 10 «The Liberation of Subjectivity».

века, а также понимая неизбежность дальнейшего разрушения, если в обществе не будет восстановлено понимание нравственной цели, Шоу решил снова попытаться поделиться своим видением жизненной силы. Однажды он уже пытался, в пьесе «Человек и сверхчеловек», но признал, что религия была погребена под ошибками пьесы, и послание было потеряно[40]. «Назад к Мафусаилу: метабиологическая пенталогия», его опус о религии творческой эволюции, был иным. Вместо того чтобы адаптировать свое послание к структуре причудливого комедийного жанра, Шоу отмахнулся от театральной условности и структурировал послание по своему усмотрению. Как пишет Морис Валенси, «этот переход от политической экономики к теологии, несомненно, придал иной оттенок драматургии Шоу» [Valency 1973: 354]. Самая масштабная среди его пьес, «Назад к Мафусаилу», начинается с пересказа истории Адама и Евы и прослеживает развитие человеческого рода вплоть до 3000 года нашей эры. «Часть I. В начале» представляет собой повествование Шоу о сотворении человека, в нем именно Лилит, а не Бог создает Адама и Еву. Лилит наделяет Еву величайшим даром — любопытством, а Змей, который приходит к Еве в сад, раскрывает ей секреты прогресса и развития. Узнав о смерти, Адам и Ева также узнают от Змея и то, что смерть может быть побеждена новой жизнью. Деторождение освободит Адама и Еву от постоянного тяжелого труда по возделыванию полей и защите от опасностей. Переложив часть этого бремени на детей, пара сможет развивать другие способности и углублять знания о мире. Пара следует совету Змея и рождает много детей, у которых тоже рождаются дети. Когда Каин убивает Авеля, Ева возмущена и сбита с толку,

---

[40] В предисловии к пьесе «Назад к Мафусаилу» Шоу пишет о человеке и сверхчеловеке: «Я обратился к легенде о Дон Жуане в ее моцартианской форме и превратил ее в драматическую притчу о творческой эволюции. Но, будучи тогда в расцвете своих способностей, я, от избытка изобретательности, разукрасил ее слишком блестяще и щедро. Я облек легенду в комедийную форму, и она составила всего один акт, действие которого происходило во сне и никак не влияло на развитие основного сюжета. Этот акт легко было изъять из текста и играть отдельно от пьесы» [Shaw 1972: 338].

ибо он нарушил указание Голоса, запретившего им убивать. Каин говорит ей, что слышит другой Голос, который говорит о жизни после смерти. И он жаждет чего-то большего, чем то, чего они уже достигли. Ева разделяет его желание, оно отражает стремление к прогрессу, к совершенствованию и величию, которое позволит виду развиваться дальше.

В рассказе Шоу о зарождении человечества отсутствует не только Бог, но и Дьявол, «первородный грех», изгнание из рая и чувство стыда. В этой истории Шоу подчеркивает человеческую способность к адаптации и развитию, возвышает женщину, рассматривает поступок Каина не как зло, а как отказ от догмы и принятие новых возможностей. Все вышеперечисленное в совокупности закладывает основу для последующей главы о реализации славного потенциала человечества.

Остальные части посвящены описанию эволюции человеческого рода с течением времени: действие «Части II. Евангелие от братьев Барнабас» происходит вскоре после Первой мировой войны и повествует об открытии двумя братьями-биологами творческой эволюции. История прославляет человеческую способность к метапознанию и объясняет аудитории основы этой науки: человечество развивается, потому что само желает развития. Даже смерть — человеческая норма, как и любая другая, — может быть отброшена при желании. Люди проживают все более долгую жизнь, и продолжительность жизни будет только увеличиваться, люди будут жить сотни, а может, и тысячи лет. Чем дольше они живут, тем больше мудрости накапливают. Те, кто доживет до 300 лет, перерастут стремление к войне к 100 годам. Поскольку весь вид будет жить дольше, война, голод и все угрозы человеческой жизни, с которыми мы боремся в XX веке, будут побеждены.

Действие в частях III–V происходит в разные периоды будущего и воплощает пророчество, предсказанное в части II. В части V, действие которой происходит в 3000 году нашей эры, люди осознают, что человеческое тело — это последнее препятствие, которое необходимо преодолеть, чтобы человечество могло полностью раскрыть свой потенциал. Это осознание приводит одного персонажа к утверждению о том, что «наступит день, когда люди исчезнут и останется только мысль» [Шоу 1978–1981; 6: 300]. Опус заканчивается монологом Лилит, которая прославляет свое творение и в то же время предупреждает его о том, что человеческий род должен продолжать развиваться, если хочет выжить, так как человеческое самодовольство и бездействие могут побудить вселенную заменить человечество новым творением.

Шоу написал «Назад к Мафусаилу» в возрасте 63 лет, когда он был болен и предполагал, что жить ему осталось недолго. Поэтому это самая всеобъемлющая работа в его собрании — он надеялся, что она станет его лучшим подарком следующему поколению, его наследием. В конце предисловия к пьесе он пишет следующее:

> Я надеюсь, что сотни более изящных и искусных притч выйдут из-под пера молодых рук и вскоре оставят мою далеко позади, как религиозные полотна пятнадцатого столетия оставили далеко позади первые попытки ранних христиан создать свою иконографию. С этой надеждой я удаляюсь и подаю звонок к поднятию занавеса [Там же: 64].

Важно, что Шоу написал цикл «Мафусаил», предполагая, что пьеса никогда не будет поставлена на сцене при его жизни. Пьесы-эпопеи были в те времена непомерно дорогими в производстве, и если бы не готовность профессионального режиссера Барри Джексона рискнуть, предположение Шоу оказалось бы верным. Шоу было достаточно публикации «Мафусаила» — что свидетельствует о его растущем отчуждении от театра как любимого средства самовыражения [Shaw 1970].

Это также свидетельствует о серьезном изменении типа аудитории, для которой он писал. Все его довоенные пьесы предназначались для широкой публики, которая варьировалась от мелкой буржуазии до высшей аристократии. Хотя его пьесы всегда содержали воспитательный посыл, выраженный в форме умных диалогов и острой сатиры, принятие или даже понимание этого посыла не было существенным для постановки, как ясно показывает «Человек и сверхчеловек». В пьесе «Дом, где разбиваются сердца» Шоу попрощался с современным миром и с традиционными тропами, он отбросил условности, чтобы писать произведения, более подходящие его душевному состоянию. Мир, какой он есть, не предложил Шоу утешение, и общественность, поддержавшая войну, кажется, больше не интересовала его. Он писал для себя и для будущих поколений. Будучи признанным драматургом, он мог позволить себе такую роскошь. Как разочарованный и убитый горем представитель военного поколения, он нуждался в переменах. Его более поздние пьесы — цикл «Мафусаил», «Святая Иоанна», «Тележка с яблоками» — это побег от реальной жизни XX века в далекое прошлое и фантастическое будущее.

Поставленный в Бирмингеме в 1921 году цикл «Мафусаил» был плохо принят публикой[41]. Смысл цикла был понят абсолютно неправильно — некоторые даже предполагали, что Шоу написал пьесу в шутку. По словам Марджери М. Морган, «ни одна пьеса Шоу не вызывала большего отторжения, чем "Назад к Мафусаилу"». Она приводит негативные замечания Г. К. Честертона, который «писал о "тех бескровных причудах, которые Бернард Шоу хотел сделать привлекательными"», и Эрика Бентли, который писал, что Шоу «в цикле "Мафусаил" как драматург был просто ужасен» [Morgan 1965]. Даже для тех, кто воспринимал Шоу серьезно, будущее, представленное в пьесах как результат творческой эволюции, не казалось заманчивым. Великий критик Кеннет Тайнен, писавший после смерти Шоу, назвал это будущее «откровенно отталкивающим: творческая эволюция, которую с энтузиазмом предсказывает [Шоу], породит расу яйцекладущих струльдбругов, которые живут вечно и чья единственная радость — это праздник самопрославления» [Tynan 1961: 151]. Хотя публика не приняла надлежащим образом евангелие творческой эволюции, религии XX века, это обстоятельство не изменило мнение драматурга о собственной работе.

---

[41] О критическом восприятии постановки «Назад к Мафусаилу» см. [Gahan 2003: 27–35; Valency 1973].

Как и во многих других отношениях, Шоу был не единственным, кто пытался возродить понимание цели и смысла жизни после Первой мировой войны. Он видел, что «наша воля к жизни зависит от надежды, ибо мы умираем от отчаяния» [Shaw 1972: 696], и предлагал творческую эволюцию в качестве альтернативы «бездонной яме крайне удручающего пессимизма» [Ibid.: 702], угрожавшего выживанию человечества. Религия Шоу представляла собой смесь науки и метафизики, заменившую Бога человеческой волей. Это была смягченная версия ницшеанского видения сверхчеловека — смягченная, потому что в ней говорилось о воле вида, а не о воле индивида, и потому что, хотя индивидуум и может самосовершенствоваться, глубокий прогресс будет происходить постепенно, на протяжении веков. Религия Шоу была разумна, логична и подкреплена сложными научными теориями, которые придавали ей правдоподобность. Но она не сумела завоевать популярность, как и другие попытки его современников вселить надежду и оптимизм.

Возможно, она была слишком абстрактна или слишком далека от картины мира обычного человека. Только являясь в некоторой степени интеллектуалом, человек мог оценить тонкость аргументации Шоу и понять разницу между дарвиновской, неодарвинистской и творческой теорией эволюции. Что еще важнее, творческая эволюция была учением, лишенным противоречий. Не имея сил для противостояния и гарантированного будущего, она не давала возможности своим сторонникам *что-либо предпринять*. А религия без ритуала, без жертвы и без молитвы — то есть религия, в которой люди не имеют значения, — вряд ли привлекательна для тех, кто отчаянно пытается вернуть себе чувство собственного достоинства и испытать спасение. Биологические работы Ламарка по теории эволюции являются плохой заменой христианской Библии, а «Мафусаил» Шоу, какой бы впечатляющей эта пьеса ни была в постановке, — самое туманное евангелие из когда-либо написанных.

Шоу до конца оставался элитарным интеллектуалом и аристократом. Его искренняя вера в то, что творческая эволюция была «подлинно научной религией, которую сейчас отчаянно ищут все мудрецы» [Shaw 1972][42], говорит о его неспособности понять психологические потребности простого человека. Если ему и приходило в голову, что есть другие, более соблазнительные и гораздо более опасные претенденты на статус светской религии, он об этом не говорил. Если он когда-либо и считал национализм угрозой миру, установившемуся после Первой мировой войны, то не писал об этом в свойственной ему манере. Он в упор не видел того, что XX век, построенный на обломках европейской цивилизации, создал ситуацию отчаяния, в которой значение для людей имели комфорт и утешение, возмездие и месть, а не научная истина. Возможно, некоторые из его друзей-интеллектуалов поддались его логичной аргументации, но для остального населения истинным было другое: люди умирают не за то, что понимают, а за то, что любят. В религии метафизической биологии Шоу не было места для любви — не было места для чувств вообще. Эта религия подходила для уменьшающегося числа интеллектуалов, которые могли позволить себе роскошь науки.

В 1945 году, спустя 25 лет после первой публикации цикла, Шоу с гордостью писал, что до сих пор считает предисловие к «Мафусаилу» «одним из самых важных моих произведений» и что новый комментарий гораздо увереннее «утверждает [доктрину творческой эволюции] в качестве религии грядущего века» [Shaw 1972: 714][43]. В новом комментарии Шоу заявил о том, что «Мафусаил» «появился прямо из жизненной силы, действующей как élan vital через меня и Барри Джексона» [Shaw 1972: 692][44]. Шокирует то, что человек, являвшийся свидетелем двух мировых войн, холокоста и сталинских актов геноцида, мог стать со временем еще более уверенным в своей научной религии как открывающей путь к просвещению для XX века. Шоу назвал «Мафусаила» «частью современной Библии», а себя пророком, раскрывшим освобождающую силу научной истины. Высокомерие — причина, по

---

[42] Предисловие к «Назад к Мафусаилу».

[43] «Shaw Has Become a Prophet».

[44] «Postscript: After Twenty-Fve Years».

которой главы государств в 1914 году своими действиями разру-
шили Европу, — завладело Шоу в последние годы его жизни,
когда он все больше терял связь с реальностью.

Заключение

В возрасте 91 года в заключительной части автобиографии Шоу
написал следующее:

> Меня ничуть не смущает то, что мои проповеди и пророче-
> ства, как проповеди и пророчества многих мудрецов, гово-
> ривших то же самое до меня, не привели ни к каким переме-
> нам; с тех пор как я стал вслух и на бумаге высказывать свои
> взгляды, мир стал не лучше, а гораздо хуже [Шоу 1989: 148].

Он считал себя педагогом, посвятившим всего себя просвещению среднего гражданина относительно фактов политической
и общественной жизни, и был доволен своими усилиями, так как
верил в то, что мудрость, которую он передал, будет признана со
временем. Шоу «пережил две мировые войны, но не было ни
одного дня, чтобы он вовремя не пообедал или не ночевал в своей постели», почти не беспокоясь о том, что с неба на него может
свалиться бомба, зная, что «риск попасть под автобус... гораздо
выше» [Там же: 216], отсюда его психологическое дистанцирова-
ние от ужасов XX века, пожалуй, становится понятным. Он вел
привилегированную жизнь на острове, в Англии: немногие из
тех, кто пережил те же события на континенте, могли сказать, что
и они никогда не опасались за свою жизнь.

Понятно также и то, что тот, кто достиг совершеннолетия
в Европе XIX века и преуспел в период культуры *fin de siècle*, испытал ужасную опустошенность, столкнувшись с гибелью всего,
что он знал и чем дорожил. Даже такой выдающийся человек, как
Шоу, мог психологически не до конца адаптироваться к жизни
в XX веке. Некоторая доля отрицания была необходима для его
психологического здоровья. В XIX веке не было драматического

тропа, который можно было бы взять за основу для выражения опыта Шоу, и не было теории социального прогресса, которая бы пережила войны и не подверглась изменению. Шоу сделал все возможное, чтобы собрать осколки, оставшиеся от 1914 года, и убедил себя в том, что его теории верны, несмотря на войну, — более верны, чем когда-либо прежде. Однако политическая реальность противоречила его утверждениям о прогрессе и возможностях.

Лучшие пьесы Шоу вынесли вопросы морали в поле общественной дискуссии. Политизируя мораль и критикуя моральные суждения, которые считались логичными, например осуждение проституции или одобрение благотворительности, Шоу расширил границы общественного обсуждения многих вопросов. Он предложил другой взгляд на мир и побудил аудиторию думать и говорить о том, что значит быть добродетельным, смелым и справедливым. Это стремление к непрекращающимся дебатам — к публичному разговору — основывалось на его вере в то, что люди способны создать лучшее общество. Однако Первая мировая война коренным образом изменила представления Шоу о возможностях и ограничениях политики. Он перенес свою веру с отдельного человека на весь вид и перестал привлекать современников к дискуссии. Творческая эволюция обеспечила выход из политики и стала причиной его отказа от настоящего.

Хотя Шоу критически относился к детерминизму дарвинизма, он был благосклонен к собственному детерминизму. Если бы дарвинизм провозглашал, что никакие человеческие усилия не могут повлиять на волю природы, творческая эволюция утверждала бы, что никакое действие отдельного человека не может подорвать возможный прогресс вида. В любом случае последствия для политики были бы одинаковыми: публичное обсуждение и принятие решений считались неуместными, поскольку ход человеческой истории определялся силой, неподконтрольной какому-либо человеку или группе. Ответственность, здравый смысл и власть больше не имели смысла как политические понятия. С точки зрения Арендт, решение Шоу встать на сторону творческой эволюции в связи с политическими реалиями его времени можно рассматривать как уклонение от политических обязательств: «взять на себя ответственность за то, что происходит в мире, вместо того, чтобы сдаться перед лицом якобы неизбежных событий и смотреть правде в глаза, вместо того, чтобы сбегать в частные или коллективные фантазии».

В конце концов Шоу потерял свой статус политически значимого мыслителя. Несмотря на плодовитость и общественное уважение до самой смерти в 1950 году, после пьесы «Дом, где разбиваются сердца» в его произведениях больше не было политического подтекста. После Первой мировой войны он лишился своей естественной среды, цепляясь за прошлое, он верил, что смотрит в будущее. Подобно многим интеллектуалам *fin de siècle*, Шоу жил в отрицании и смятении, медленно исчезая для мира, который сам он больше не мог понять и который больше не понимал его.

Бернарда Шоу можно описать как политического драматурга, окончательно потерявшего веру в политику. Однако лучше всего помнить о нем как об авторе язвительных социально-политических пьес, который сохранил традицию политического театра в XX веке. Его театр служит примером способности сатиры разоблачать проблемы власти, политизировать «частные» интересы и заставлять нас «задумываться о том, что мы делаем».

Глава 3
Бертольт Брехт: театр пролетарской революции

Бертольт Брехт родился в 1898 году в зажиточной семье среднего класса в процветающем городе Аугсбург, в Германии. Брехт, ставший наследником благополучия, которое принесла вторая промышленная революция в Германии, получил качественное образование и имел достаточно свободного времени, чтобы изучать искусство и развивать поэтические навыки. Хотя он радовался этим сторонам привилегированного положения — его статус позволил избежать военной службы во время Первой мировой войны, — он все же отверг запланированную для него родителями комфортную жизнь буржуазного доктора. Образование, полученное в Аугсбурге, поспособствовало развитию у него презрения к буржуазным ценностям и отношениям и сделало его особенно чувствительным к экономическому неравенству, связанному с немецкой индустриализацией. Он начал отождествлять свое положение с тяжелым положением рабочих и со временем стал органичным интеллектуалом немецкого рабочего класса, первопроходцем пролетарского театра[1].

На протяжении всей жизни Брехт сталкивался с физической угрозой фашизма, культурным преследованием советского коммунизма и отчуждением капиталистической культурной индустрии. Из Берлина он эмигрировал в Скандинавию, затем в США,

---

[1] Биографические сведения о Брехте см. в следующих источниках: [Esslin 1984; Willett 1998; Pachter 1982; Ewen 1967; Thomson, Sacks 1994].

домой он вернулся лишь 15 лет спустя. Брехт стремился объединить театр с политикой, развлечение с образованием и теорию с практикой, создавая новый тип театра — «эпический театр», — который должен был уничтожить различие между исполнителями и публикой. Хотя его пролетарский эпический театр был отодвинут на задний план мировыми событиями, он служит примером того, каким может быть настоящий политический театр.

В этой главе мы расскажем о развитии эпического театра Брехта, возникшего из культурного движения «новой объективности» (Neue Sachlichkeit). Объясним, почему его учебные пьесы (Lehrstücke) стали воплощением лучших эпических новшеств, на примере пьесы «Высшая мера» — символа его творчества. Затем мы проанализируем вмешательство Брехта в «дебаты об экспрессионизме» 1938 года. Защищая творчество художников-формалистов, которых венгерский и советский критик Дьёрдь Лукач осудил как политических реакционеров, Брехт настаивал на безусловной ценности художественного эксперимента и неявно подвергал критике практику советского авторитаризма. Мы используем два пьесы Брехта — «Винтовки Тересы Каррар» и «Мать» — как иллюстрации двух противоборствующих типов театра, отстаиваемых Лукачем и Брехтом соответственно. В то время как «Мать» отстаивает критическое мышление и осознанные политические действия, «Винтовки Тересы Каррар» — якобы антифашистская пьеса — продвигает политические действия, основанные на эмоциях, которые придают пропаганде силу. Эти две пьесы указывают на лицемерный характер советской культурной политики и вновь заявляют о ценности эпического театра Брехта для политической практики. Хотя в ретроспективе он, возможно, и выиграл битву против Лукача, защита Брехтом эпического театра была негативно принята советской критикой, что еще больше изолировало его от предполагаемой пролетарской аудитории. Несмотря на то что он продолжал теоретизировать преимущества эпического театра до самой смерти, на практике ему не удалось добиться желаемого политического влияния. Однако эпический театр Брехта по-прежнему представляет собой эффективное средство вовлечения граждан в политику.

Бертольт Брехт: театр пролетарской революции | 71

Критика экспрессионизма и новая объективность

Понимание истоков творчества Брехта начинается с понимания контекста, в котором он проявился как художник: падения экспрессионизма и возникновения новой объективности. Как литературное движение «Буря и натиск» и романтизм до него, экспрессионизм был частью немецкой обширной культурной традиции непоколебимого индивидуализма. Это художественное направление зародилось в Германии в конце XIX века, в период интенсивной индустриализации и милитаризма. Начиная с 1890-х годов художники, драматурги, музыканты и писатели стали восставать против отчужденности и механизации немецкой жизни, создавая искусство, восхваляющее пылкость, подлинные эмоции и природную энергию [Kellner 1988a]. Несмотря на то что каждый художник движения подчеркивал разные аспекты экспрессионистского этоса, все они разделяли несколько основных принципов: «отчуждение от устоявшегося общества, стремление к лучшему миру, идеалистический протест против прогнившего материализма, правомерность внутреннего эмоционального ответа на бесплодный рационализм и метафизическое отчаяние по поводу "смерти Бога"» [Bronner 1988: 413]. Эти художники сбежали от суровых реалий немецкой жизни времен *fin de siècle* в царство воображения, в котором они прославляли детские порывы и животные желания.

В живописи экспрессионистский вектор выражался в отказе от реалистических изображений, выборе «примитивных» сюжетов (животные, «примитивные» люди, обнаженная натура, сельские пейзажи), изобретательном использовании цвета, ярких образах и выражении грубых, скрытых, неконтролируемых эмоций. «Die Brücke» («Мост») в Дрездене и «Der Blaue Reiter» («Синий всадник») в Мюнхене — две самые известные группы художников-экспрессионистов. «Синяя лошадь» Франца Марка символизирует движение: его смелое, творческое использование цвета и формы отвергает «объективную» точку зрения природы, отдавая предпочтение воображению и субъективности[2].

---

[2] См. [Elger 1989].

Экспрессионизм не ограничивался визуальными художниками. Как дух времени он проникал во все области искусства, включая театр и оперу. Драматурги-экспрессионисты, чьи пьесы к моменту, когда Брехт достиг совершеннолетия, ставились повсеместно, представляли публике «нового человека»: призванный стать символом обновленного человечества, этот постреволюционный человек определялся не с точки зрения его действий или характера, а, скорее, с точки зрения его позиции по отношению к чему- или кому-либо [Kellner 1988b].

Подобно Джорджу Бернарду Шоу с его новой религией, экспрессионисты оторвались от социальной и политической реальности и сосредоточили все силы на создании утопии. Пока общество становилось еще более рационализированным, экспрессионизм оставался фантастическим, представляя собой форму эскапизма, которая со временем становилась все более распространенной среди модернистских художников-авангардистов. Авторы экспрессионистских журналов о культуре нацелились на метаполитическое преобразование всей совокупности общественных отношений, полагая, что путь к политической революции лежит через искусство [Wright 1988]. Тем не менее, как отмечает Дуглас Келлнер, в политике, как и в искусстве, «экспрессионистская субъективность была настолько ярко выражена, что интерсубъективность игнорировалась» [Kellner 1988b: 192]. Навязчивый индивидуализм и политика были несовместимы.

С началом Первой мировой войны движение распалось. Великое потрясение, которое с радостью предвкушали экспрессионисты, произошло, но это было не то, чего они ожидали. Многие поступили на службу в немецкую армию, страстно желая испытать «этот чудесный, величественный шум битвы... [эту] странную, волшебную музыку»[3], те чувства, которые разделяли аристократы из «Дома, где разбиваются сердца» Шоу. Многие погибли в окопах, многие были серьезно ранены. Не в силах справиться с ужасами войны, экспрессионисты вернулись к искусству и утопическому видению, которое полностью утратило

---

[3] Макс Бекман, в письме к жене в 1914 году, цит. по: [Elger 1989: 13].

волшебство. Как ни странно, экспрессионизм не умер во время войны, а, наоборот, приобрел популярность: к 1920-м годам он стал настолько распространен среди буржуазии, что превратился в клише[4].

Как и многие экспрессионисты, Брехт с началом войны перешел на сторону радикализма. Он писал патриотические стихи и в качестве добровольца работал на сторожевой башне в своем районе в Аугсбурге. Однако нескольких лет военных действий ему хватило для того, чтобы начать придерживаться левых политических взглядов. К 1918 году он написал «Легенду о мертвом солдате», антивоенную поэму, из-за которой он попал в черный список Гитлера[5]. Поэма рассказывала о погибшем солдате, который воскрес, чтобы снова сражаться (и умереть). Эмоционально холодная и наполненная иронией «Легенда», как и пародийные «Домашние проповеди» («Die Hauspostille»), опубликованные в 1925 году, весьма далека от романтических представлений той эпохи.

Неприятие Брехтом войны сопровождалось отказом от экспрессионизма. Он был слишком молод и слишком хорошо образован, чтобы поддаться немецким националистическим настроениям того времени или чтобы предвидеть грядущий апокалипсис с ницшеанским восторгом. Для него подлинные эмоции, наполнявшие полотна и театральные постановки экспрессионистов, стали абсурдом. Он считал возгласы «О, Mensch!» («О человек!») таких драматургов, как Вальтер Газенклевер и Ганс Йост, чрезвычайно мелодраматичными[6]. Такое искусство не изображало мир,

---

4   См. [Palmier 1988; Elger 1989].

5   По словам Эсслина, еще в 1923 году имя Брехта шло пятым в нацистском ликвидационном списке, во многом из-за антигерманского содержания этого конкретного стихотворения. См. [Esslin 1984: 55].

6   Например, сцена в пьесе «Люди» Газенклевера:
Первый акт, третья сцена
Ниша справа становится светлой.
Мужчина в оборванной одежде сидит за столом, заставленным бутылками.
ПЬЯНИЦА. Я мечтаю
В зале становится темно.
Входит АЛЕКСАНДР.

который он наблюдал вокруг. Он родился в обществе, охваченном агонией индустриализации, и не переносил пустого эскапизма и вымысла экспрессионизма. В 1920 году Брехт записал в своем дневнике:

> Экспрессионистская тенденция исчерпает себя, и «экспрессия» будет выброшена на помойку. Экспрессионизм представлял собой (небольшую немецкую) революцию, но как только была разрешена известная степень свободы, оказалось, что вокруг нет свободных людей; как только люди вообразили, что могут говорить что хотят, оказалось, что именно этого и хотели новые *тираны*; на самом деле сказать им было нечего. Эти юноши, хотя и были богаче на слова и жесты, чем предыдущие поколения, показали совершенно тривиальное легкомыслие любой jeunesse dorée (золотой молодежи): обыкновение принимать собственную скуку за пессимизм, безответственность за дерзость, а бессилие и ненадежность за свободу и стремление к действию [Brecht 1979: 8] (выделено в оригинале).

Брехт считал, что экспрессионизм как буржуазное художественное движение находился на последнем издыхании. Он жаждал

ПЬЯНИЦА *протягивает ему стакан.*
АЛЕКСАНДР *пьет.*
ПЬЯНИЦА. Вы голодаете!
АЛЕКСАНДР *смотрит вверх.*
ПЬЯНИЦА. Брат!
Обнимает его.
Входит ТРАКТИРЩИК. Деньги!
ПЬЯНИЦА *роется в своей куртке.*
ТРАКТИРЩИК. Шесть бутылок.
АЛЕКСАНДР. Я хочу работать.
ТРАКТИРЩИК. Официантом!
Указывает на зал, уходит.
Входит ЛИССИ. Люди!
ПЬЯНИЦА. Ты болен.
ЛИССИ. Я отомщу за себя.
Идет.
АЛЕКСАНДР *протягивает руки.* Любовь!!
[Hasenclever 1963: 174–175].

возможности создать что-то новое — «слепить простой мрак жизни — суровый и низкий, жестокий и реалистичный — с *любовью* к жизни» [Ibid.: 8] (выделено в оригинале). Его первая пьеса «Ваал» была пародией на экспрессионистскую драму и отражала его мысль о том, что нигилистский импульс экспрессионизма в итоге его погубит. Ваал (главный герой) эгоцентричен и зациклен на своих чувствах, он использует и выбрасывает всех в своей жизни и, в конце концов, умирает одиноким и несчастным[7].

Брехту не нравилось экспрессионистское видение мира, и в этом он был не одинок. Его неприятие духа экспрессионизма все больше распространялось среди самых плодовитых художников его поколения. Для них экспрессионизм утратил как творческую живость, так и культурное значение. Эти молодые художники основали новое художественное движение, направленное против субъективизма экспрессионистов. В 1923 году искусствовед Густав Фридрих Хартлауб охарактеризовал новое поколение художников как представителей «новой объективности» (Die Neue Sachlichkeit). Существовали и другие обозначения этого направления, однако закрепился за ним именно данный термин.

«Новая объективность» была скорее тенденцией, чем единым движением. Она объединяла всех, кто стремился вернуть реализм в искусство. В то время как экспрессионисты сосредоточивались на непреодолимой субъективности человеческого опыта, художники «новой объективности» хотели сосредоточиться на объективных стандартах истины, несентиментальных изображениях и простоте повседневного опыта[8]. Место сверхзадачи экспрессионистской революции заняла практическая цель сопротивления: масштаб борьбы против тотальности капитализма стал ясен.

Эти художники хотели вернуться к реализму, но не к реализму ради реализма. Их цель заключалась не в том, чтобы отразить действительность такой, какая она есть, а в том, чтобы найти

---

[7] Обсуждение пьесы «Ваал» см. в [Kellner 1988b: 181–189].

[8] Хотя было бы исторически неверно рассматривать новую объективность как целостный проект, можно определить ключевые темы и тенденции в искусстве, обычно отождествляемые с этим движением.

объективную политическую или социальную истину, содержащуюся в повседневных моментах «реальности»[9]. Эти художники стремились снять покров благопристойности, чтобы изобразить предмет в его естественном состоянии: со шрамами, бородавками, морщинами и прочим[10]. Основой новой объективности было стремление дистанцироваться от реальности, чтобы научиться выносить интеллектуальные суждения о ней. Зрителей или аудиторию побуждали думать, а не чувствовать, и прямо противостоять материальным условиям, лежащим в основе существования каждого.

Эпический театр

В театральном искусстве новое движение за объективность использовало новые технологии и сочетало различные техники для создания новых работ, отказываясь от эмоций в пользу

---

[9] Мы говорим здесь о левом крыле новой объективности, о тех, кто наиболее близок к Брехту с точки зрения формы и направленности. Художники движения были классифицированы Хартлаубом по политическим признакам. Правое крыло интересовалось повседневной немецкой жизнью, в которой проявлялись националистические тенденции. Интересно отметить, что немногие художники, которым было разрешено остаться на своих преподавательских должностях или должностях, полученных при националсоциализме, — Шримпф, Канольдт, Франц Радзивилл, Альберт Генрих, Георг Зиберт, Вернер Пайнер, Бернхард Дёррис, Франц Ленк и др. — попадают в правую группу модели Хартлауба. См. [Michalski 2003].

[10] Например, триптих Отто Дикса 1927/28 года «Метрополис» изображает странные сопоставления, распространенные в повседневной жизни Веймара: на первой панели мимо двух ветеранов войны (один мертв или спит, другой с двумя ампутированными конечностями) по улице проходит группа гротескных проституток в маскарадных костюмах и норковых палантинах. Вторая панель изображает буржуазную танцевальную вечеринку; на третьей еще одна группа проституток, игнорирующих бездомных у своих ног. В трех родственных образах, представленных в религиозной форме триптиха, Дикс сообщает об огромном разрыве между социальными классами Веймара и о способах, с помощью которых люди будут делать все возможное, чтобы избежать своей реальности, хотя бы на одну ночь. См. обсуждение картины Михальским в [Michalski 2003: 54, 59]. Подробнее о новой объективности см. [Willett 1978].

объективности. Ярким примером служит агитпроп-театр Эрвина Пискатора, который новаторски использовал изображения, съемку, музыку и повествование для просвещения аудитории в соответствии с марксистскими принципами. Музыканты движения, такие как Эрнст Тох, Макс Буттинг, Пауль Хиндемит, Ханс Эйслер и Курт Вайль, совместно с драматургами разрабатывали новый тип музыкального театра, в котором музыка и драма имели равное значение в постановке и ни одна из них не доминировала над другой [Gilliam 1994]. В результате получалась не опера или драма с музыкой, а странный новый гибрид, в котором музыка и драма были отдельными, часто противоречащими друг другу по настроению или теме, но равными элементами постановки. Вместо создания произведения, в котором элементы дополняли друг друга, образуя удобоваримое единое целое — то, что Брехт и другие называли «кулинарным театром» — новаторы новой объективности стремились сделать произведение трудным для восприятия и, следовательно, запоминающимся [Esslin 1984; Willett 1978; Gilliam 1994][11].

Брехт отлично вписывался в этот контекст. Когда он приехал в Берлин в 1924 году, Пискатор был одним из главных новаторов театра новой объективности. По словам Мартина Эсслина,

> Целью [Пискатора] было создание театра политического, технологического и эпического. Под последним определением он подразумевал драму, которая совершенно не походила на обычную «хорошо поставленную» пьесу. Она представляла бы собой нечто вроде иллюстрированной лекции или газетного репортажа на политическую или социальную тему, вольно структурированную в форме серьезного ревю: последовательность музыкальных номеров, скетчей, кадров, декламаций, иногда связанную одним или несколькими рассказчиками [Esslin 1984: 23].

---

[11] Можно сказать, что все творчество Брехта, за исключением его первой пьесы «Ваал», вдохновлено новой объективностью. Интересно, однако, что Брехт никогда не считал себя частью новой объективности или любого другого движения.

Постановка Пискатора «Знамена» 1924 года стала первой пьесой, считающейся «эпической драмой». Брехт был большим поклонником творчества Пискатора и полагал, что «объединение театра и политики было достижением Пискатора, без которого аугсбургский театр [эпический театр Брехта] вряд ли был бы возможен» [Brecht 1965: 69]. И все же Брехт поднял идею Пискатора на новый уровень, как теоретически, так и технически. Позже Брехт так описал различия между своей работой — здесь, в частности, имеется в виду его пьеса «Мать» (1933 год) — и агитпроп работой Пискатора:

> В то время как задача агитпроп-театра заключалась в побуждении к немедленному действию (например, забастовке против сокращения заработной платы) и могла устареть при изменении политической ситуации, «Мать» должна была пойти дальше и обучить тактике классовой борьбы. Кроме того, пьеса и постановка показывали реальных людей в процессе их развития, подлинную историю, пронизывающую весь спектакль. Этого обычно не хватает в агитпроп-театре. Черты агитпроп-театра переплелись с признанными формами классического немецкого театра (театром молодого Шиллера, Ленца, Гёте и Бюхнера)[12].

Эпический театр Брехта был масштабнее, чем агитпроп, и сосредоточен на системе капиталистического угнетения, а не на том, как действовать в конкретной ситуации. Кроме того, он был основан на тесном сотрудничестве деятелей искусства, включая писателей, музыкантов, сценографов, художников (в том числе по свету и костюмам) и актеров. Что касается сюжета, то Пискатор выбирал простые сюжетные линии и четкие факты, в то время как Брехт уделял больше внимания эстетике и лиризму. Брехт сотрудничал с такими музыкантами, как Курт Вайль и Ханс Эйслер, для создания произведений, в которых музыка и сценарий были взаимозависимыми, а не отдельно взятыми элементами. Хотя Брехт и опирался на работы Пискатора и других новаторов

---

12 Цит. по: [Brecht 1964: 61–62].

того времени, его эпический театр был творением, превзошедшим произведения основателей данного направления [Esslin 1984][13].

Взяв за основу эстетику новой объективности, Брехт создал эпический театр с соблюдением критической дистанции между зрителем и актером. Он назвал этот приём «эффектом остранения» (Verfremdungseffekt)[14]: «Эффект остранения состоит в том, что объект, который необходимо довести до сознания и на который требуется обратить внимание, превращают из привычного, известного, лежащего перед нашими глазами, в особенный, бросающийся в глаза, неожиданный» [Брехт 1960; Brecht 1964: 143][15]. Реалистическая драма пытается воссоздать знакомое с помощью реалистичных диалогов, декораций, костюмов и игры так, чтобы зрители «потерялись» в сценическом вымысле. А Брехт создает сцены, которые не вполне соответствуют реальности, чтобы зрители не смогли погрузиться в вымысел. Заставляя знакомое казаться «странным», он не позволяет аудитории со-

---

[13] Брехт разработал полную теорию эпического театра лишь после того, как покинул Германию. Тем не менее элементы эпического театра можно найти в его ранних пьесах середины-конца 1920-х годов: «Что тот солдат, что этот», «Трехгрошовая опера» и «Расцвет и падение города Махагони». Заметки для этих пьес являются началом его попыток теоретизировать свою драматургию, лучший пример — «Современный театр — это эпический театр», такое название он дал заметкам к пьесе «Расцвет и падение города Махагони».

[14] Многие комментаторы, в том числе Уиллетт и Эсслин, неправильно переводят Verfremdungseffekt как «эффект отчуждения». Существует важное политическое и философское различие между «остранением» и «отчуждением», которое возникает из марксистской теории. Остранение — это присущая человеку способность, которая заставляет вещи казаться странными. Подобно «объективации», остранение является ценностно нейтральным. Отчуждение, с другой стороны, всегда рассматривается как негативная способность, своего рода объективация, предполагающая подчинение человека объекту. В отличие от остранения, отчуждение — это то, что необходимо преодолеть.

[15] Или, говоря проще: «Достижение [эффекта остранения] представляет собой нечто совершенно обычное, повторяющееся; это просто широко распространенный способ привлечения своего или чужого внимания к чему-либо, и его можно увидеть как в образовании, так и на бизнес-конференции того или иного рода» [Brecht 1965: 76].

здать эмоциональную связь с персонажами, за которыми она
наблюдает, и перенаправляет внимание зрителей на структуру,
вынуждая критически относиться к спектаклю и изображаемой
реальности. В идеале зрители должны постоянно помнить, что
смотрят спектакль.

В дополнение к приемам дистанцирования, которые использовались в агитпроп-театре (изображения, музыка и новые медиа,
такие как кино), Брехт самостоятельно ввел новые элементы.
Например, его пьесы наполнены сценами судебных процессов —
моментами вынесения приговора, — в которых судья часто
становится на чью-то сторону по явно нелепым причинам.
В пьесе «Расцвет и падение города Махагони» судья Леокадия
Бегбик оправдывает обвиняемого в убийстве, потому что жертва
не присутствует, чтобы свидетельствовать против него:

ФАТТИ [адвокат]: Кто здесь потерпевший?
Тишина.
БЕГБИК: Поскольку пострадавшая сторона не отзывается...
Кто-то из *слушателей*: И поскольку мертвецы не рассказы-
вают сказки...
БЕГБИК: У нас по закону нет другого выхода, кроме как
оправдать его.
Обвиняемый уходит в зрительный зал [Brecht 1994: 222].

Здесь зрителям предлагается задаться вопросом о природе
правосудия и о том, что должно было произойти, а также самим
вынести приговор как подсудимому, так и судье. Сюжет настолько невероятный, что зритель всегда осознает, что видит инсце-
нировку судебного процесса, а не настоящий суд.

Брехт часто использует еще один прием: он убирает четвертую
стену, отделяющую зрителей от актеров. Его персонажи часто
прямо обращаются к аудитории, как в начале пьесы «Слоненок»,
когда Полли говорит зрителям:

Для того чтобы вы смогли в полной мере испытать воздействие драматического искусства, мы призываем вас курить
сколько влезет. Здесь перед вами выступают лучшие в мире

артисты, вам подаются самые качественные напитки, сиди-
те вы в удобных креслах. Пари о том, чем кончится действие,
можно заключить у стойки бара. Занавес опускается и представление прерывается для того, чтобы зрители могли за-
ключать пари. Просим также не стрелять в аккомпаниатора,
он делает что может. Кто не сразу поймет смысл действия,
пусть не ломает голову. Он в самом деле непонятен. Если вы
хотите посмотреть на то, что имеет смысл, можете отправ-
ляться в уборную. Деньги за билеты ни в коем случае не
возвращаются. Наш товарищ Джип имеет честь играть роль
слоненка. Если вы полагаете, что это слишком трудно, то
могу сказать только, что артист должен все уметь [Brecht
1994: 79][16].

«Слоненок» — это пьеса в пьесе. Такой подход означает, что
аудитория рассматривается как аудитория дважды и не может
избежать роли свидетеля. Кроме того, Полли указывает зрителям
на их роль в качестве критических наблюдателей, приглашая их
сделать ставки и покурить, а также сообщая им заранее о проблемах пьесы и призывая быть снисходительными к актерам. Она
побуждает публику к активному участию в критике.

Важно отметить, что Брехт не использовал остранение ради
остранения. Создавая эпический театр, Брехт определил для
себя следующие важные вопросы: «Как создать драматургию
противоречий и диалектических процессов — драматургию, а не
объективную теорию? Каким образом постановщики создадут
позитивное критическое отношение у новой аудитории?»[17] Он говорил: «Вопрос уже содержит ответ... Недостаточный сам по
себе, театр должен стремиться изменить собственное окружение.
Отныне он может надеяться сформировать собственный образ
мира, только если поможет формированию самого мира...» [Там
же]. С самого начала Брехт полагал, что место его драмы не
ограничивается пределами физического театра. Он надеялся, что
публика вынесет свое критическое отношение на улицы. Его

---

[16] Перевод Л. Копелева.

[17] Из речи, произнесенной в 1951 году, цит. по: [Брехт 1960; Brecht 1964: 240].

театр должен был стать политическим в новом смысле — не только развлекательным, но и стимулирующим к действию.

Он стремился посеять семена недовольства в умах граждан, которые приходили в его театр. Он разъяснял им то, что они уже знали, но не могли сформулировать: экономические трудности, которые препятствовали становлению по-настоящему справедливого общества, состоящего из людей, способных к самоуправлению. Заставляя зрителей посмотреть в зеркало, которое отражало экономическую основу социальной несправедливости, Брехт надеялся пробудить в них стремление к революционным социальным изменениям. Вера Брехта в силу человеческой деятельности и его приверженность принципу перемен полностью отражены в его драматургии. Проект Брехта по поиску освободительной практики лучше всего воспринимать так, как воспринимал его сам драматург: именно как метод, а не как доктрину или объективную теорию. По мнению Брехта, доктрины и теории вели в никуда, способствуя лишь повиновению и соблюдению искусственно созданных людьми рациональных правил. Даже марксизм в его пьесах проявляется неординарным образом. Вместо того чтобы диктовать рабочим, как они должны вести себя в определенной ситуации — как в театральном «профсоюзе» агитпропа, — Брехт сосредоточился на раскрытии структуры капитализма и действиях, необходимых для борьбы с ним[18]. Как говорил сам Брехт, он пытается научить людей учиться. Его драматургия — это набор техник для продюсеров, актеров и публики, который обучает искусству остранения, критическому мышлению и способности давать рациональную оценку всему происходящему.

Теория учебных пьес

Теория учебных пьес (Lehrstücktheorie) сочетала эстетику новой объективности и особое понимание марксизма, что позволило Брехту выйти за рамки агитпроп-театра Пискатора и создать

---

[18] См. раздел «The Philosopher's Explanation of Marxism» в [Brecht 1965: 36].

собственную драматургию. Решающим моментом в развитии драмы Брехта стало знакомство с марксизмом и его последующее принятие. Он начал посещать занятия по марксистской теории в 1926 году, после неудачной попытки, в ходе которой он хотел разобраться с помощью обширных исследований в том, как работает мировой рынок пшеницы. Он планировал написать пьесу «Мясник Джо», в которой фоном главного действия служил бы спекулятивный рынок пшеницы в Чикаго. Брехт позже рассказывал:

> я думал, что смогу быстро получить необходимую информацию, пообщавшись со специалистами и практиками в данной области, но вышло совсем иначе. Никто, ни известные экономические журналисты, ни бизнесмены... не могли четко объяснить, что творилось на зерновой бирже. У меня сложилось впечатление, что сделки были совершенно необъяснимыми, то есть недоступными рациональному пониманию. Другими словами, явно иррациональными [Brecht 1996: 4].

Разочаровавшись, Брехт отказался от создания пьесы. Он обнаружил, насколько неясной оставалась логика капитализма даже для истинных знатоков. Это и привело его к марксизму, который дал ему ключ к пониманию этой логики. Но что еще важнее, он помог Брехту понять фундаментальные аспекты собственной драматургии. Брехт писал: «Когда я читал "Капитал" Маркса, я понял свои пьесы... Конечно, не то чтобы я обнаружил, что бессознательно написал целую кучу марксистских пьес. Но этот человек, Маркс, был единственным зрителем моих пьес»[19]. Марксизм предоставил Брехту аналитические инструменты и методологию, которые подняли его работу с уровня интеллектуального искусства до уровня искусства с политической ценностью и целью. Также на мировоззрение Брехта оказал огромное влияние его учитель, ленинец Карл Корш, который был исключен

---

[19] Цит. в [Брехт 1960; Brecht 1964: 24].

из коммунистической партии за «неортодоксальное» понимание марксизма[20].

Знакомство Брехта с марксизмом побудило его расширить инструментарий новой объективности, чтобы сделать ее более радикальной и пролетарской. Изначально он надеялся привлечь к своему творчеству внимание рабочего класса, однако пролетариат просто не мог себе позволить билеты на «Трехгрошовую оперу» или любую другую профессионально поставленную пьесу Брехта. Теоретически системный эффект остранения казался действенным способом развития критического мышления у рабочего класса, но на практике он так никогда и не был опробован на аудитории, для которой предназначался.

В конце 1920-х годов Брехт создал новый тип пьесы, *Lehrstück* или «учебная пьеса». Этот тип вобрал в себя его прежнее видение и расширил сферу воздействия его драмы: пьесы были короткими, не требовали актерской подготовки и носили иносказательный характер. Другими словами, они идеально подходили для исполнения непрофессиональными актерскими коллективами рабочих или студентов, увлекающихся политикой и театром в Европе XX века. Первая пьеса, «Полет Линдберга» (позже переименованная в «Полет Линдбергов: радиопьеса для мальчиков и девочек»), была поставлена как радиоспектакль на музыку Курта Вайля и Пауля Хиндемита. К концу 1920-х годов радиотехнологии настолько продвинулись вперед, что позволили слушателям не использовать больше наушники: благодаря усилителям и динамикам люди смогли слушать радио в компании, таким образом оно превратилось в социальную активность, доступную рабочему классу [Hailey 1994]. Брехт

---

[20] По словам друга Брехта Фрица Штернберга, опыт жестокого подавления первомайских демонстраций в 1929 году побудил Брехта открыто поддержать Коммунистическую партию. Как сообщается, убийство по меньшей мере 30 мирных демонстрантов по приказу правительства, возглавляемого Социал-демократической партией Германии, было одновременно шокирующим и мотивирующим. Это укрепило уже зародившуюся веру в то, что движение к политическим переменам должно стать доминирующей силой, стоящей за его искусством. См. [Willett 1998].

и другие использовали этот ресурс для привлечения пролетарской аудитории.

Рассказ об историческом трансатлантическом перелете Чарльза Линдберга в пьесе «Полет Линдберга» должен был вдохновить на сотрудничество и вселить веру в человеческий дух, необходимую для великих свершений[21]. Марксизм Брехта является важным компонентом произведения, в котором история Линдберга представлена не как рассказ о достижениях одного человека, а как совместное достижение всех, кто участвовал в обеспечении Линдберга материалами для путешествия и поддерживал его миссию. Попав в ужасную гряду тумана, Линдберг так утешает себя:

Семь человек в Сан-Диего строили мою машину,
Часто круглыми сутками без перерыва
Используя нескольких метров стальной трубы.
То, что у них получилось, должно сработать для меня.
Они сделали свое дело, я
Продолжаю свое, я не один, нас
Восемь в этом полете [Brecht 1997b: 7][22].

В брехтовской версии рабочие, которые построили самолет Линдберга, и граждане мира, которые чествовали его успех, вправе гордиться его достижением не меньше, чем сам Линдберг. Поэтому в названии появилось множественное число — Линдберги. Урок заключается в том, что без коллектива человек не сможет сделать ничего, но с преданными своему делу людьми коллектив может достичь невозможного.

---

[21] Из-за связей Линдберга с нацистами во время Второй мировой войны Брехт позже изменил название пьесы на «Полет через океан». В 1950 году Брехт написал письмо Южногерманскому радио в Штутгарте по поводу их желания поставить пьесу. Он написал им, что дает разрешение при условии, что они удалят любые ссылки на Чарльза Линдберга. Строку «Меня зовут Чарльз Линдберг» следовало заменить строкой «Мое имя не имеет значения». Говоря о Линдберге в третьем лице, его следовало называть «Летчик». Письмо включено в [Brecht 1997b].

[22] Следует отметить, что цитируемый отрывок не был частью оригинального текста, но был добавлен вскоре после первой постановки.

Пьеса «Полет Линдберга» была написана для ежегодного Фестиваля современной музыки в Баден-Бадене, который в 1920-х годах стал главной площадкой для музыкальных экспериментов в рамках тенденций новой объективности. Уделяя особое внимание любительской и «прикладной музыке» (*Gebrauchmusik*), фестиваль ориентировался в основном на молодое поколение музыкантов, которому «больше не нужны были концерты, освобождавшие слушателей *от* жизни, а нужна была музыка, которая *к этой* жизни их возвращала»[23].

Помимо «Полета Линдберга», Брехт прислал пьесу «Баден-Баденский урок согласия», оформленную музыкой Хиндемита. Эта пьеса дополнила успех «Линдберга», так как в ней рассказана история четырех потерпевших крушение летчиков, которые обращаются за помощью к местному хору. Три механика отбрасывают самолюбие и принимают помощь общества. Однако пилот считает себя великим и успешным человеком, поэтому не может поступиться своею гордостью и признать, что он всего лишь один из многих таких же простых людей. Хор принимает решение спасти механиков и позволить пилоту умереть в одиночестве. Затем хор отправляет трех механиков на новое свершение: «Улучшив мир, / Улучшите его снова / ...Меняя мир, меняйтесь сами / Отриньте самость!» [Brecht 1997a: 43]. Урок в обеих пьесах одинаков: человек нуждается в коллективе больше, чем коллектив нуждается в нем, но во второй пьесе главный герой расплачивается за этот урок ценой своей жизни.

Следующее дидактическое произведение Брехта «Говорящий "да"» было написано в сотрудничестве с композитором Куртом Вайлем специально для постановки в школах, где учащиеся должны были быть сами и актерами, и зрителями [Brecht 1997b]. Эта пьеса рассказывает о дилемме молодого человека, который оказывается слишком слаб, чтобы продолжить путешествие со своей группой в поисках лекарства. Он должен решить, последовать ли обычаю и принести себя в жертву или потребовать, чтобы группа отказалась от поисков и вернула его домой. Он ре-

---

[23] Karl Laux, цит. в [Hinton 1994: 67].

шает следовать «великому обычаю» группы и просит только о том, чтобы смерть его была быстрой. Группа сбрасывает его с обрыва и продолжает путь. По словам Мартина Эсслина, ученики, которым понравилась премьера пьесы в 1930 году, были очарованы ее очевидным одобрением традиционных прусских добродетелей, таких как подчинение авторитету и самопожертвование. В других школах, например, школе имени Карла Маркса в Нойкельне, учащиеся негативно отреагировали на финал пьесы по той же причине, по которой в предыдущей школе ее хвалили[24].

Ученикам предложили оставить отзыв для Брехта, и они согласились. По словам одного из учеников школы имени Карла Маркса,

> Значительную поддержку получило мнение о том, что *судьба говорящего «да» изображается не так, как следовало бы ее изобразить, чтобы ее поняли. Почему группа не вернулась, чтобы спасти пострадавшего вместо того, чтобы убить его?..* В связи с этим мы предлагаем усилить сцену подъема и падения, чтобы появилась надежда на общее понимание. *Мистицизм, который пронизывает оперу, вызывает дискомфорт... Мотивация истории недостаточно ясна (то есть реальна)*[25].

Многим профессиональным критикам пьеса не понравилась по тем же причинам[26]. Однако Брехт мало обращал на них внимания, вместо этого он сосредоточился на отзывах студентов, к которым отнесся очень серьезно. С учетом критики студентов он написал пьесу с измененным финалом: «Говорящий

---

[24] Отрывки из отчетов студентов см. [Brecht 1997b].

[25] Цитата из «Группы из Высшего I, 18 лет», найденная в [Brecht 1997b: 226]. Выделения курсивом в оригинале предназначены для обозначения моментов, которые Брехт учитывал при написании второй части.

[26] Пожалуй, самая резкая критика исходила от критика Франка Варшауэра, который написал в «Die Weltbune», что пьеса содержит «[все] плохие ингредиенты реакционного мышления, основанного на бессмысленном авторитете». Он продолжил, говоря, что «этот говорящий "да" сильно напоминает нам тех, кто говорил да во время войны» (цит. по: [Ewen 1967: 246]).

"нет"». В этой версии молодой человек отвергает обычай группы и отказывается пожертвовать собой — он убеждает остальных в том, что

> Тот, кто сказал А, не обязан говорить Б. Можно вдруг понять, что А было неверным... А что касается обычая, то я не вижу в нем смысла. Нам необходим новый «великий обычай», который мы должны немедленно ввести, обычай обдумывать положение дел заново в каждой новой ситуации [Brecht 1997b: 59].

Отказываясь подчиниться старому обычаю, герой утверждает не только собственную свободу, но и свободу коллектива изменять себя как группу в соответствии с самостоятельно выбранными принципами. Драматургия Брехта вышла на новый уровень благодаря участию студентов Нойкельна в обсуждении. Создавая новую пьесу с учетом их критики, Брехт показал, что политический театр может быть совместным предприятием, которое не требует ни художественного мастерства, ни четкой цели. Эксперимент, открытость новым возможностям и готовность принимать противоположные точки зрения — вот что требуется. С тех пор Брехт настаивал на том, что «если это возможно, эти две маленькие пьесы всегда должны исполняться вместе»[27].

Практика парного исполнения учебных пьес очень нравилась Брехту, возможно потому, что их объединение подчеркивало диалектический характер проблем, которые в них описывались. В первой паре, «Полет Линдберга» и «Баден-Баденский урок согласия», явно отображено напряжение между гипериндивидуализмом и гиперколлективизмом. Ни одна из крайностей не дает удовлетворительного результата: без коллектива Линдберг не смог бы совершить полет, но уязвимость человека перед капризами коллектива может беспокоить, как в случае летчика-индивидуалиста, которого оставляют умирать. Во второй паре пьес вновь возникает напряжение между интересами одного и инте-

---

[27] Из заметки 1931 года, представляющей два текста, перепечатанной в [Brecht 1997b: 221].

ресами многих, и вновь ни одно из решений не оказывается полностью удовлетворительным. Если юноша пожертвует собой, он позволит коллективу доставить необходимое лекарство в деревню, тем самым предотвратив чуму. Но утверждая свое намерение жить, он устанавливает новый обычай, основанный на рациональности и критическом мышлении. И то и другое совершенно необходимо для мира, который желал видеть Брехт. Как утверждает Мишель Мэтсон, именно разрыв между пьесами — отсутствие удовлетворительного решения — делает их сильными дидактическими произведениями. Участвуя в учебных пьесах в качестве актера или зрителя, человек участвует и в политике [Matson 1995: 29–40]. В любой из парных пьес участник сталкивается с моральной дилеммой, в которой любое принятое решение приведет к потере жизни и принесению в жертву того или иного принципа.

Ни в одной пьесе Брехта напряжение между личностью и коллективом не было продемонстрировано так ярко, как в пьесе «Высшая мера», его самой известной и самой противоречивой учебной пьесе. Она была написана в сотрудничестве с Хансом Эйслером, композитором, посвятившим себя развитию коммунистической культуры в Берлине. Первоначально написанная как контрпьеса к «Говорящему "да"», она была отклонена продюсерами Фестиваля современной музыки в Баден-Бадене в 1930 году, предположительно из-за ее политического содержания. В гневном ответном письме Брехт выразил возмущение решением комитета:

> [Мы] наконец достигли положения, которого всегда хотели; разве мы не призывали к художественной самодеятельности? Разве мы не достаточно долго сомневались в этих масштабных организациях, чьи руки связаны сотней условий?
> *Мы делаем эти важные выступления полностью независимыми и помогаем воплощать их в жизнь тем, для кого они предназначены, тем, кому они больше всего нужны: хорам рабочих, самодеятельным драматическим коллективам, школьным хорам и оркестрам, другими словами, тем людям,*

которые не могут платить за искусство или, наоборот, получать за искусство деньги, но хотят принимать активное участие в актах его создания[28].

Получив отказ, Вайль отозвал пьесу «Говорящий "да"» с фестиваля, хотя она уже была принята. В этот момент они разделились: пьеса «Говорящий "да"» была отправлена для постановки в школы, а пьеса «Высшая мера» — для профессиональной постановки в Берлинскую филармонию [Völker 1975].

«Высшая мера» могла бы составить прекрасную пару пьесе «Говорящий "да"», поскольку она тоже посвящена конфликту между личностью и коллективом. Ее сюжет повествует о решении коммунистической ячейки из четырех рабочих убить одного из своих товарищей, так как его постоянные отклонения от линии партии приводят к катастрофическим последствиям. Спектакль построен таким образом, что члены ячейки должны объяснить ход своих мыслей начальству. Они делают это, разыгрывая все возможные сценарии, в которых их товарищ делает выбор и сталкивается с последствиями этого выбора. Затем они разыгрывают сцену принятия окончательного решения[29]. В конце пьесы их руководство делает вывод, что их поступки не были неверными: «Не вы судили его, а / Реальность» [Brecht 1997b: 87].

---

[28] Процитировано в [Brecht 1997b: 231], курсив оригинала.

[29] Из-за критики в адрес пьесы, последовавшей сразу за премьерой, Брехт изменил концовку так, что товарища просят дать согласие на собственную смерть в манере «Говорящего "да"». Их последний разговор с ним выглядит следующим образом:
ПЕРВЫЙ АГИТАТОР *Молодому товарищу.* Если Вас поймают, они Вас застрелят, и поскольку Вас опознают, наша работа будет предана делу. Значит, мы должны Вас застрелить и бросить в известковую яму, чтобы известь сожгла Вас. Но позвольте нам спросить Вас: видите ли Вы другой путь?
МОЛОДОЙ ТОВАРИЩ: Нет.
ТРИ АГИТАТОРА. Спросим вас: вы согласны?
Пауза.
МОЛОДОЙ ТОВАРИЩ: Да.
ТРИ АГИТАТОРА: Куда бы вы хотели, чтобы мы вас отвели? Мы спросили.
МОЛОДОЙ ТОВАРИЩ. В известковую яму, сказал он [Brecht 1997b: 88].
По словам Юэна, письменной версии оригинального сценария больше не существует. См. его обсуждение пьесы в [Ewen 1967].

На этот раз пьеса исследует тему *Einverstandnis* (соглашения), в частности самопожертвование личности во имя революции в контексте коммунизма. «Высшая мера» не похожа на предыдущие учебные пьесы — притчи, показанные в случайных местах, предназначенные для всех и никого одновременно. Место действия в пьесе — конкретный город (Мукден, китайский город на границе с Россией). Пьеса придерживается конкретного учения — советского коммунизма, — что делает ее фундаментально более политически значимой, чем предыдущие учебные пьесы. В то же время явная современная тематика пьесы заставила критиков Брехта игнорировать ее функцию притчи и читать ее исключительно как пропагандистское произведение.

Критика исходила как от центристов, так и от крайне левых. Многие восприняли пьесу как апологию сталинизма или, что еще хуже, как апологию всех форм политической доктрины, допускающих насилие, включая нацизм. По словам Генри Пахтера, «даже при Сталине коммунистическая партия никогда не была настолько карикатурной. Лишь немного изменив слова, нацисты могли бы сочинить целую ораторию в качестве оправдания учиняемых ими *Fehme* (самосудов)» [Pachter 1982: 232]. Пьеса также подверглась критике со стороны сталинистов на том основании, что Брехт в корне неверно истолковал коммунизм[30]. Большинство критиков Брехта неправильно поняли смысл и цель пьесы и проигнорировали контекст, в котором она была написана. В этом произведении Брехт изменил свое видение процесса дидактики и перешел от преподавания к обучению: от постановки *Lehrstücke* («учебных пьес») к постановке *Lernstücke* («обучающих пьес»).

«Высшая мера» представляет собой кульминационный момент в формировании политической драмы Брехта — драмы, предназначенной скорее для рабочих, чем для буржуазии, выполненной

---

[30] Карл Тиме, перефразируя позицию коммунистов по пьесе после премьеры, заявляет, что «коммунисты не согласились бы с тем, что это [убийство Товарища] было коммунистической практикой». Товарища просто исключили бы из партии (цит. по: [Ewen 1967]). Другим коммунистам пьеса не понравилась, потому что она превратила политическую проблему в моральную.

в контексте, в котором зрители и актеры едины. Репетиционный процесс берлинской постановки был поистине уникальным. По словам Эйслера, пьеса была

не просто музыкальным произведением для исполнения перед слушателями. Это особый тип политического семинара по вопросам партийной стратегии и тактики. Участники хора обсуждают на репетициях политические вопросы, но в интересной и запоминающейся форме. Учебная же пьеса не предназначена для концертного исполнения. Это, скорее, средство воспитания учащихся марксистских школ и пролетарских коллективов[31].

Как писал Брехт в «Примечаниях для зрителей», «цель учебной пьесы — показать неправильное отношение и, таким образом, научить правильному. Спектакль призван спровоцировать дискуссию о политической полезности такого рода мероприятия» [Brecht 1997b: 232–233]. «Высшая мера» не была частью политической пропаганды. Несмотря на то, что могли подумать критики, цель пьесы заключалась не в том, чтобы диктовать догмы, а в том, чтобы создать пространство для дискуссий, критического размышления и принятия взвешенных решений. Она отражала объективные факты политической организации, моральные конфликты, которые часто возникают в сложных ситуациях, а также последствия решений, принятых из лучших побуждений. Брехт никогда открыто не заявлял, что решение членов ячейки было верным или неверным. Он старался избегать таких прямых утверждений, свидетельством этого служит его аккуратная формулировка, приведенная выше. Привлекая рабочих к участию в разыгрываемых действиях, а не просто отстраненному наблюдению, Брехт вышел за пределы традиционного театра благодаря драматургии учебных пьес. Как Брехт говорит в «Дополнительных замечаниях к теории театра, изложенной в "Покупке меди"»: «не пьеса сама по себе, а спектакль составляет конечную цель всех усилий»[32] [Brecht

---

[31] Цит. по: [Brecht 1997b: xv].

[32] Здесь и далее перевод С. Тархановой.

1965: 74]. «Высшая мера» не может быть правильно понята извне; необходимо принять непосредственное участие в постановке, чтобы оценить ее диалектический подход.

Учебные пьесы Брехта не только рассказывали о политике марксизма, но и *применяли* метод марксистской критики, привлекая рабочих к реальным политическим дебатам. Как и Корш, Брехт понимал марксизм как полезный метод критики и анализа, а не учение о законах. Объяснение, которое он дал марксизму в «Дополнительных замечаниях к теории театра, изложенной в "Покупке меди"», необходимо привести целиком, так как это, пожалуй, самое ясное высказывание Брехта на эту тему:

> Важно, чтобы вы уяснили себе различие между марксизмом, рекомендующим определенный взгляд на жизнь, и тем, что принято называть мировоззрением (Weltanschauung). Марксистское учение предоставляет определенные методы и критерии познания действительности. На их основе выносят те или иные суждения о явлениях и событиях, делают прогнозы и дают практические указания. Марксизм учит критическому мышлению и активному отношению к действительности в той мере, в какой последняя поддается общественному воздействию. Учение это критикует человеческую практику и принимает критику со стороны последней. Под мировоззрением же обычно понимают систематизированную картину мира, определенный комплекс представлений о том, что и как в нем совершается, чаще всего отражающий какой-либо гармоничный идеал. Это различие, в существовании которого вы можете убедиться также и на других примерах, имеет для вас существенное значение потому, что *ваше личное изображение* каких-либо исторических явлений и событий ни в коем случае не должно превращаться в иллюстрацию к каким-либо из многочисленных положений, выдвинутых марксистами. Вы все должны исследовать и доказывать самостоятельно [Brecht 1965: 36].

Для Брехта и Корша марксизм был не закрытой системой, предоставляющей универсальную истину, а методом исследования, инструментом анализа того, как работает власть, и постановки вопросов о том, как изменить мир. Их видение сильно отличалось от марксизма в Советском Союзе, который, предположительно, содержал в себе все ответы, из-за чего вопросы стали не только ненужными, но и нежелательными. Учебные пьесы позволили Брехту соединить марксистский метод исследования с формой, допускающей политическую практику.

Следуя взглядам Корша на рабочие советы [Kellner 1980], мастерские учебных пьес работали как театральные «мастер-классы» без режиссера. Актеры разыгрывали пьесу много раз, в процессе меняясь ролями, чтобы каждый мог почувствовать себя судьей и подсудимым. В интервью репортеру Райнеру Штайнвегу относительно «Высшей меры» Брехт сказал, «что пьеса была построена так, что в любой момент можно было внести изменения. Разделы можно было добавлять или убирать, как при монтаже»[33]. Брехт считал, что учебные пьесы лучше его предыдущих работ, поскольку они произвели революцию в театре, устранив различия между актерами и зрителями.

К сожалению, приход Гитлера к власти положил конец деятельности и развитию дидактического театра Брехта. В 1933 году, на следующий день после поджога Рейхстага, Бертольт Брехт уехал из Германии в Данию. Покинуть родину для него означало остаться без зрителей, учебных пьес и надежды принять участие в немецкой коммунистической революции.

Изгнание и последующие годы

Лишенный доступа к пролетарской аудитории и общения с творческими соратниками в Германии, Брехт страдал в изгнании. Больше не существовало возможностей для постановки его учебных пьес. В 1934 году он завершил последнюю учебную пьесу «Горации и Куриации», которая, несмотря на то что была написана по заказу Красной армии, так и не была поставлена при его жизни [Brecht 1997b: xvi–xvii]. Нацисты успешно разрушали коммунистические группы Германии, и многие соратники Брех-

---

[33] Цит. по: [Brecht 1976: 234].

та бежали в Советский Союз. Опасаясь сталинизма, Брехт и его семья вместо этого переехали в Скандинавию. Брехт пытался локально принести пользу в Свеннборге, сочиняя откровенно антифашистские пьесы и разрабатывая теорию эпического театра.

Интересно, что основной проблемой, стоявшей перед Брехтом во время эмиграции, была не опасность фашизма, а вопрос о том, как относиться к культурной политике сталинизма. Именно версия марксизма, перенятая у Корша, привела его к конфликту с культурной политикой СССР. Брехт, как всегда, надеялся сделать свои пьесы доступными для публики, которая могла бы извлечь из них наибольшую пользу. По его мнению, он все еще писал для рабочего класса. Однако в 1930-е годы возник новый камень преткновения, препятствовавший общению Брехта с публикой. Изгнание негативно сказалось на развитии его театра революции, в то же время коммунистический запрет на формалистическое искусство создал серьезные проблемы для брехтовского театра сопротивления. По сути, в 1930-е годы против Брехта выступали не только нацисты, но и советские деятели культуры.

В 1934 году СССР присоединился к движению Народного фронта, и защита мира от фашизма стала приоритетом для коммунистов как в политике, так и в культуре. Идея заключалась в том, чтобы сформировать союз со всеми антифашистскими группами и партиями, независимо от того, какой класс они представляли. В этом контексте Дьёрдь Лукач, бывший «ультралевый» культурный критик, ставший сталинистом, определил надлежащие формы художественного выражения для коммунистов внутри и за пределами Советского Союза. Это разграничение началось с публикации его статьи «Величие и падение экспрессионизма» в журнале «Интернациональная литература» («International Literatur») в 1934 году и продолжилось на страницах «Слова» («Das Wort») в 1938 году. Хотя Лукач был не единственным специалистом в области культуры, решавшим, какие части буржуазной культуры имели политическую целесообразность, а какие нет, но он был одним из самых выдающихся[34]. И в «деба-

---

[34] Два других — Андрей Жданов и Альфред Курелла. См. [Pachter 1982].

тах об экспрессионизме», которые велись в «Слове», нападкам
подвергались именно заявления Лукача, так как в них он защищал
логику «социалистического реализма» как единственно приемлемую форму художественного выражения[35].

Культурная политика социалистического реализма особенно
сильно ударила по Брехту. Она открыто отвергала всякое «формалистическое искусство» — категорию, достаточно широкую, чтобы
охватить не только экспрессионизм, но и новую объективность.
И если искусство социалистического реализма было легко доступно массам благодаря своей простоте и реалистичности, то «формализмом» с точки зрения Советского Союза считалось любое
чрезмерно сложное или стилизованное искусство. Это касалось
всего искусства, которое не было понятным с первого взгляда.
Искусство, которое требовало осмысления публикой, считалось
элитарным и осуждалось. Социалистический реализм изображал
повседневную жизнь рабочих в положительном ключе, возвышая
«нового человека» как символ социалистического прогресса. Цель
такого искусства состояла в том, чтобы продвигать коммунистическое дело, заставляя рабочих чувствовать себя хорошо и осознавать свою роль в содействии прогрессу. Социалистический реализм
был подобен кривому зеркалу, в котором рабочий казался сильнее,
достойнее и счастливее, чем в жизни, отражая тем самым настоящую «сущность» реальности. Формалистическое искусство, напротив, охватывало широкий спектр тем, взаимодействуя только
с формой и цветом, и считалось политически реакционным из-за
отказа взаимодействовать с реальностью. Формализм был искусством ради искусства, тогда как социалистический реализм существовал для содействия делу революции.

В советском контексте все работы Брехта, начиная со стихов
и заканчивая эпической драмой и учебными пьесами, подверг-

---

[35] Действительно, именно статья Альфреда Куреллы положила начало дебатам;
тем не менее в ответе на статью Эрнст Блох направил свои замечания конкретно на Лукача, что побудило Лукача затем присоединиться к дебатам. См.
[Adorno et al. 1980]. Тщательное обсуждение «социалистического реализма»
и дебаты об экспрессионизме см. в [Adorno et al. 1980: 411–453; Bronner 2002:
116–136; Lunn 1974: 12–44].

лись нападкам. Хотя он часто обращал внимание на жизнь рабочих, например, в пьесе «Мать» по роману Максима Горького, одного из основоположников социалистического реализма. Но то, как он это делал, становилось проблемой. Он не ставил перед собой цели создать для аудитории приятные образы. Он хотел заставить аудиторию чувствовать себя некомфортно и задавать вопросы. Эффект отстранения считался в Советском Союзе формалистской техникой, трудной для понимания и потому реакционной.

Брехту не угрожала физическая опасность, даже если бы он не следовал партийной линии, так как он благополучно устроился в западном демократическом обществе. Он даже не был официальным членом коммунистической партии[36]. Тем не менее на карту было поставлено очень многое, не только для Брехта, но и для всех творцов, которые не следовали доктрине партии. В Советском Союзе начался «Большой террор», и сотни тысяч «врагов народа» были убиты, депортированы или отправлены в ГУЛАГ. Многие друзья Брехта, укрывшиеся в России, «исчезли». Становилось все более очевидным, что Советским Союзом управляют в соответствии с прихотями Сталина[37]. Культурная политика социалистического реализма была частью большой — и гораздо более опасной — тенденции авторитаризма, культурного застоя и требования догматической верности партии, которая все дальше отклонялась от своих первоначальных намерений. Если раньше выбор стоял между «социализмом или варварством», то теперь, кажется, между варварством и варварством.

Из-за фашизма Брехт уже потерял свое величайшее достижение, революционный рабочий театр. В 1934 году вопрос для него заключался в том, принимать или нет сталинский подход к ис-

---

[36] Как отмечает Генри Пахтер, отсутствие у Брехта официальных партийных связей могло быть преднамеренным, поскольку партия считала полезным, чтобы некоторые сторонние художники оставались «попутчиками». См. [Pachter 1982].

[37] В 1938 году Брехт сказал Беньямину: «Россия теперь находится под личным правлением. Конечно, только болваны могут это отрицать». И все же даже тогда он остался верен делу. Цит. по: [Benjamin 1980: 95].

кусству во имя борьбы с большим злом. Какую жертву я могу принести? Кто из врагов нацизма более прогрессивен: советский коммунизм или западный капитализм? Где я смогу быть максимально полезным?

Сохраняя скептицизм в отношении намерений Сталина, Брехт политически поддерживал борьбу советского коммунизма против фашизма[38]. В то же время он не хотел отказываться от своей эстетики. И Брехт нашел выход: он начал писать эпические произведения для постановки в буржуазных театрах и более «реалистичные» произведения для движения Народного фронта.

Именно во время своего пребывания в Свеннборге Брехт по-настоящему начал разъяснять «брехтовскую» теорию драмы. Как отмечают Том Кун и Джон Уиллетт: «В этот период Брехт впервые сформулировал понятия "Verfremdung" (остранение)... и "Gestus" (социальный жест)... Можно сказать, что только теперь, в изгнании, Брехт полностью сформулировал теорию эпического театра» [Kuhn, Willett 2001: viii]. В первые годы изгнания он написал последнюю учебную пьесу «Горации и Куриации», первую антифашистскую пьесу «Круглоголовые и остроголовые», поставленную в 1936 году, и стихи «Ме-ти», в которых он выразил свое растущее беспокойство насчет сталинизма[39]. В 1933 году он начал работу над серией коротких сцен «Страх и отчаяние в Третьей империи», которые показывали ужасы повседневной жизни при национал-социализме и были одним из его главных вкладов в движение Народного фронта. Эти сцены могли исполняться по отдельности или все вместе, в зависимости от нужд и средств тех, кто отвечал за постановку — Брехт надеялся, что их будут ставить как коллективы рабочих, так и профессиональные театры [Kuhn, Willett 2001: viii]. Эти сцены представляют собой некий компромисс между эпическим стилем Брехта и требованиями социалистического реализма. Каждая сцена показывает реалистичный

---

[38] Хотя Брехт выражал своим близким друзьям подозрения в отношении намерений и действий Сталина, он не хотел отказываться от советского коммунизма. См. [Benjamin 1980].

[39] Подробнее о «Ме-ти» см. [Kellner 1980; Müller 1980].

опыт жизни в условиях нацизма, дополненный небольшим количеством явных эпических элементов — в них есть музыка, но нет изображений и стилизованных диалогов. Тем не менее длина сцен — некоторые занимают не более страницы — и монтажная форма всей постановки способствуют эффекту отчуждения от событий, показанных в спектакле. Объединенные сцены были показаны по всей Франции в 1938 году, и Брехт очень надеялся, что пьесу покажут и примут в Америке.

К большому огорчению Брехта, «Страх и отчаяние» прошла проверку Лукача. Брехт записал в дневнике 15 августе 1938 года, что

> «СТРАХ И ОТЧАЯНИЕ В ТРЕТЬЕЙ ИМПЕРИИ» ушла в печать. Уже Лукач приветствовал «шпиона», словно я был грешником, вернувшимся в лоно армии спасения. Вот, наконец, что-то взятое прямо из жизни! Он упускает из виду монтаж 27 сцен и тот факт, что это на самом деле только свод жестов — жест держать рот на замке, жест осматриваться вокруг, жест внезапного страха и т. д. шаблонных жестов при диктатуре. Теперь эпический театр может показать, что «интерьеры» и почти натуралистические элементы входят в его диапазон, но они не имеют решающего значения [Brecht 1993: 13].

Как свидетельствует этот отрывок, у Брехта было двоякое отношение к «Страху и отчаянию». С одной стороны, одобрение означало, что пьесу поставят, с другой стороны, он не хотел, чтобы со стороны казалось, будто он уступает требованиям Лукача и советских бюрократов в культуре. Он хотел, чтобы Лукач одобрил пьесу, но не по собственному желанию последнего, а по необходимости.

С точки зрения стиля «Страх и отчаяние» представляет собой выход эпического театра на новый уровень: добавляя натуралистические элементы в эпическую форму, Брехт смог обратиться к уставшим от войны гражданам Европы более эффективным способом, чем если бы он упорно придерживался приема острения. Как указывал Беньямин, эмигранты, составлявшие аудиторию пьесы Брехта, уже были психологически отстранены от изображаемых повседневных событий — Брехту не нужно было добавлять что-то еще, чтобы заставить их критически мыслить[40]. Поэтому «Страх и отчаяние» представляет собой адаптацию эстетических элементов Брехта к ситуации, когда зрители уже настроены критически. Поскольку зрители проделали работу, необходимую для того, чтобы понять политическое значение пьесы, Брехт как драматург мог немного расслабиться и допустить присутствие натуралистических элементов, не опасаясь, что эмпатия возьмет верх над рациональными мыслительными процессами зрителей.

Вне театра Брехт выступал против фашизма в характерной «брехтовской» манере. Он согласился с тем, что фашизм — величайшее зло, но он не хотел упускать из виду основные различия между капиталистическими государствами и СССР. Целью Народного фронта было найти — или даже создать — точки соприкосновения между всеми антифашистскими группами Европы. И все же Брехт, оставаясь диалектиком, стремился подчеркнуть различия между ними. Даже когда он помогал Народному фронту антифашистскими пьесами, он отвергал предположение, что социалистический реализм был единственной возможной формой прогрессивного искусства.

Во время дебатов об экспрессионизме в 1938 году Брехт написал несколько возражений к нападкам Лукача на формализм в журнале «Слово», редактором которого он официально являлся вместе с Вилли Бределем и Лионом Фейхтвангером. Брехт никогда не участвовал в принятии редакционных решений для журнала, и его эссе о дебатах никогда не печатались ни там, ни где-либо еще при его жизни. И все же эти работы служили надежной защитой его собственного творчества и подвергали острой критике советский формализм и любые попытки государства контролировать художественное творчество[41].

Эрнст Блох, немецкий интеллектуал и западный марксист, инициировал дебаты в «Слове», защищая утопический характер экспрессионизма. Предоставляя голос воображению, свободно-

---

[40] Как представлено в [Kuhn, Willett 2001: viii].

[41] Работы собраны в [Adorno et al. 1980].

му от всех ограничений реальности, экспрессионизм сохраняет область творческой свободы, жизненно важной для здорового государства. Лукач не видел смысла в бегстве экспрессионизма от реальности. Для него экспрессионизм был частью буржуазной культуры декаданса, позволившей фашизму процветать. Суть критики Лукача сформулировал Стивен Броннер:

> Для Лукача сопротивление экспрессионизма буржуазии выглядело всего лишь «романтическим» и «мещанским». В этой борьбе социальная реальность превращалась либо в область, контролируемую мистическими силами, либо в «хаос», который был по природе своей совершенно непонятен. Таким образом, неизбежно возникла путаница, в которой уже должно было быть побеждено не капиталистическое общество, а сам хаос... Ибо в мистицизме, в абстрактном и произвольном употреблении категорий посягательство на существующий порядок вещей может легко принять реакционную форму [Bronner 1988: 419].

Отвергая понятие прогресса, экспрессионисты избегали предположения о том, что существуют качественные различия между политическими системами и классами. Подразумевалось, что аристократия была такой же плохой, как буржуазия, которая была такой же плохой, как и пролетариат. И, отвергая пролетариат, экспрессионисты нападали на коммунизм, который защищал пролетариат.

Здесь стоит подчеркнуть, что, хотя Брехт соглашался с Лукачем относительно того, что экспрессионизм не был политически прогрессивным, их взгляды по этому вопросу принципиально различались. Лукач выступал не только против экспрессионизма, но и всех категорий формалистического искусства, которые включали в себя искусство, ставящее субъективный опыт личности выше объективной «реальности», то есть против всего модернистского искусства. Для него экспрессионизм был лишь симптомом общей проблемы современного искусства, а не самой проблемой. Творчество Брехта было включено Лукачем в категорию формалистического искусства, потому что, как и экспрессионисты, Брехт делал акцент не на психологии личности персонажа, а на отношениях между абстрактными группами. Лукач считал, что эффект остранения ослабляет способность аудитории находить разницу между видимостью реальности и ее сущностью [Lunn 1974]. Следовательно, работы Брехта были политически реакционными.

Помимо расхождений в определении понятия «проблематики искусства», были и другие, более важные различия во взглядах Лукача и Брехта. Хотя Брехт и другие представители новой объективности понимали гипериндивидуализм экспрессионизма как антиполитический и недостойный подражания, они никогда не выступали за цензуру и никогда не считали, что это или любое другое явление искусства должно быть запрещено. Брехт и Блох считали, что свобода художественного творчества бесценна. Лукач и власти Советского Союза, напротив, находили в формализме угрозу их политическим планам и считали, что его необходимо уничтожить. По их мнению, свобода художественного самовыражения была крайне опасна, поскольку могла привести к новым идеям и представлениям о возможностях вне контроля партии. Поскольку партия считала, что именно она, а не рабочие, знает «истинный» путь к социализму, ее контроль был оправдан, а мудрость абсолютна. Партия была готова использовать любые средства для сохранения власти, включая не только ограничение дискуссии и художественного выражения, но и физическое уничтожение всех, кто мог представлять угрозу для власти.

Вместо формализма Лукач стремился приспособить к социалистическому миру буржуазный реализм, который изображал отдельных персонажей, имеющих дело с противоречиями буржуазного общества. Следовательно, социалистический реализм, коренящийся в конкретных материальных обстоятельствах и отражающий противоречия капитализма, должен был стать единственно приемлемой формой искусства. В качестве примера того, как должно выглядеть искусство, Лукач приводил сочинения Толстого и Бальзака[42].

---

[42] Родни Ливигстоун, Перри Андерсон, Франсис Малхерн, вступление к «Presentation II» в [Adorno et al. 1980: 61].

Брехт стремился к тому, чтобы Лукач и другие бюрократы воспринимали его серьезно и не отвергали открыто, поэтому не мог напрямую нападать на советскую репрессивную систему. Ему нужно было действовать аккуратнее. Однако, сосредоточившись на проблеме формалистического выражения, он косвенно нападал на догматизм, который душил дело коммунизма. Для начала Брехт отмечал, что запрет на формализм является бессмысленным, поскольку все произведения искусства используют существующую форму: «Поскольку художник постоянно занимается вопросами формы, так как он постоянно творит, необходимо тщательно и на практике определить, что понимать под формализмом, иначе художнику будет непонятно, что передавать, а что нет»[43]. Сама терминология дебатов — «формализм» и «реализм» — изначально проблематична. Это искусственные категории, используемые для вынесения радикальных суждений о ценности целых художественных течений без рассмотрения работ какого-либо конкретного художника. Использование этих категорий отражает определенную склонность представителей советской власти к манихейскому бреду, при котором они делят мир и все в нем на черное и белое, хорошее и плохое и строят политику на основе универсальных требований. Кроме того, Лукач основывает эстетические суждения всецело на жанре романа, который не дает представление об искусстве в целом. Подход Лукача, согласно которому он определяет реализм в узких терминах, взятых из художественного жанра определенного периода, формалистичен сам по себе и является примером принципа, которому он противостоит [Ibid.].

Брехт выступает против идеи о том, что социалистический реализм или какое-либо конкретное движение должно быть единственно приемлемым искусством. Ограничение творческого выражения одним направлением является попыткой остановить время и помешать искусству прогрессивно функционировать. Искусство может быть эффективным, только если ему позволяют идти в ногу с историей, то есть принимать изменения

---

[43] «On the Formalistic Character of the Theory of Realism» в [Adorno et al. 1980: 71].

и инновации, чтобы суметь отобразить человеческую действительность, которая постоянно меняется:

> Ибо время бежит, а если бы оно не бежало, то плохо пришлось бы тем, кто не сидит за золочеными столами. Методы устаревают, ощущение притупляется. Появляются новые вызовы, требующие новых методов. Изменяется действительность; чтобы изобразить ее, нужно изменить и метод изображения. Из ничего ничего и не возникает; новое же возникает из старого, и, тем не менее, оно новое.
> Угнетатели не во все времена носят одну и ту же маску. И срывать маски нельзя во все времена одинаковыми методами...
> То, что вчера было народным, сегодня уже перестало им быть, ибо народ сегодня не тот, каков он был вчера [Брехт 1960: 60].

Не перемены являются врагом политического прогресса, а догматизм и застой. Изменения неизбежны, и творчество жизненно важно для нашей способности понимать смысл этих изменений. Поскольку искусство работает по-разному в разное время, наше определение реализма не должно основываться на вечном сохранении того, что когда-то являлось реализмом. Брехт предлагает альтернативное определение реализма, основанное на более гибком представлении о том, что целью реализма должно быть «представление реальности людям в форме, которой они могут овладеть» [Ibid.: 81].

Для Брехта

> реализм означает: выявление причинно-следственной связи комплексов общества / разоблачение господствующего взгляда на вещи как взгляда тех, кто находится у власти / письмо от лица того класса, который предлагает самые широкие решения для насущных проблем, с которыми сталкивается человеческое общество / акцент на элементе развития / возможность для чего-то конкретного и возможность для чего-то абстрактного на его основе [Ibid.: 82].

Вместо того чтобы контролировать результаты художественного творчества, требуя от них наличия определенных элементов,

Брехт предлагал расширить определение реализма и включить все виды искусства, которые затрагивают тему власти и позволяют аудитории самостоятельно интерпретировать их значение, без готовых концепций и их навязывания. В соответствии с определением реализма, данным Брехтом, его работы считались реалистическими, а бо́льшая часть работ, выполненных в социалистическом реализме, считалась формалистической.

Критикуя Лукача, Брехт отвергает не только культурную политику Советского Союза, но и лежащую в ее основе логику. Насаждение стандартов производства сверху, независимо от индустрии, является признаком авторитаризма, а не социализма. Сообщается, что в разговоре с Вальтером Беньямином Брехт упомянул Лукача, Андора Габора и Альфреда Куреллу в качестве

> врагов искусства. Искусство доставляет им неудобства. Вы никогда не знаете, на каком этапе вы находитесь; произведение искусства — это нечто непредвиденное. Никогда не знаешь, что получится. А сами они не хотят создавать искусство. Они хотят играть в бюрократов и осуществлять контроль над другими людьми. Вся их критика содержит угрозу[44].

Здесь мы снова видим брехтовскую критику советского страха перед творчеством. Мы также видим его понимание того, что дебаты об экспрессионизме касались не только искусства. Это была дискуссия с широкими последствиями для политической свободы и осуществления власти в Советском Союзе.

Брехт в своих рассуждениях отталкивается от марксистской традиции Розы Люксембург и Карла Корша — двух мыслителей, веривших в спонтанную организацию, естественное развитие и контроль со стороны рабочих, поэтому вполне логично, что он защищает творчество и превозносит ценность «нового». Процесс художественного производства не может и не должен контролироваться никакой структурой или группой, которая будет стремиться ограничить влияние произведения на публику.

---

[44] Цит. по: Walter Benjamin, «Conversations with Brecht» в [Adorno et al. 1980: 97].

Последствия, которые вызывает произведение, часто непреднамеренны, как в отношении его содержания, так и в отношении его эффектов.

Извращенность утверждений Лукача о реализме и формализме можно продемонстрировать путем сравнения двух произведений Брехта с похожим содержанием, но представленных в совершенно разной форме. В пьесе «Мать», написанной в 1931 году, во время периода учебных пьес, Брехт пытается обучить рабочих азбуке коммунизма. По определению Лукача, это формалистическое произведение. В 1937 году, за год до дебатов с Лукачом, Брехт написал «Винтовки Тересы Каррар», реалистическую пьесу в поддержку республиканцев, сражающихся на гражданской войне в Испании. У этих пьес похожий сюжет: они обе рассказывают о том, как аполитичная мать присоединяется к коммунистическому движению в период кризиса. Разница заключается в том, как изображается трансформация героини, и это объясняет, насколько опасно принятие эстетической позиции Лукача.

Пьеса «Мать» написана по одноименному роману Максима Горького в эпическом стиле Брехта: язык аскетичен, герои малоэмоциональны, уроки очевидны. Кроме того, пьеса сопровождается музыкой Ханса Эйслера, рекомендуемыми изображениями и пением хора. С самого начала зрителям показывают поведение матери с позиции стороннего наблюдателя. Первые реплики пьесы Мать — Пелагея Власова — произносит обращаясь к себе, зрителям и никому в частности:

> Прямо совестно предлагать сыну такой суп. Но не могу я положить в него масла ни пол-ложечки. Ведь на той неделе ему урезали заработок на копейку в час. Как ни старайся — возместить этого не сумею... Что делать мне, Пелагее Власовой, вдове рабочего и матери рабочего? Трижды оборачиваю я каждую копейку. И так прикину и этак. Выгадываю то на дровах, то на одежде. Ничего не помогает. Не вижу я выхода [Brecht 1997b: 95][45].

[45] Здесь и далее перевод С. Третьякова.

Зрителям сразу предоставляется вся информация, которая нужна для понимания сюжета пьесы. Главная героиня делает это четко и лаконично, рассказывая о своей жизненной ситуации и обращаясь к себе по имени. Здесь нет никакой загадки для зрителей, только ситуация, которую нужно критически осмыслить.

По мере развития сюжета Пелагея Власова выражает обеспокоенность тем, что ее сын связался с рабочим движением, она боится, что его могут арестовать. В четвертой части под названием «Мать получает первый урок экономики» она спорит с сыном Павлом об их ситуации и узнает, как работает эксплуатация и зачем нужны забастовки:

> МАТЬ. ...Почему бы господину Сухлинову не урезать по своей воле заработную плату? Чья фабрика-то — его или ваша?
> ИВАН. ...Пусть фабрика принадлежит ему, но, закрывая ее, он отбирает у нас тем самым наш рабочий инструмент.
> МАТЬ. Потому что инструмент принадлежит ему, как мне — мой стол.
> АНТОН. Да. Но, по-вашему, правильно, что наш инструмент принадлежит ему?
> МАТЬ (громко). Нет! Но, правильно это, по-моему, или нет, — инструмент все равно принадлежит ему. Может, кому-нибудь покажется неправильным, что стол мой принадлежит мне.
> МАША. Стол, само собой разумеется, может вам принадлежать. И стул тоже. Никому от этого беды нет. Если вы его поставите на чердак — кому какое дело. Но если вам принадлежит фабрика, то можно навредить сотням людей.
> ИВАН. Потому что в ваших руках весь их рабочий инструмент, и, значит, вы можете этим пользоваться.
> МАТЬ. Понятно. Этим он может пользоваться. Вы что думаете — за сорок лет я этого не приметила? Но вот чего я не приметила: *будто против этого можно что-нибудь поделать* [Ibid.: 109–110] (курсив автора).

Рабочие продолжают, они объясняют, что прибыль фабриканта зависит от рабочих и с помощью забастовки они могут осуществлять свою власть над ним. Во время разговора Пелагея Власова размышляет и делает вывод, что жизнь не должна оставаться такой, какой она была всегда. Критическое осмысление позволяет ей по-новому взглянуть на общество и изменить свое поведение в нем. Когда она принимает ряд решений, которые приводят ее к поддержке партийной активности сына и участию в революционном движении, публике предлагают оценить ее действия и критически осмыслить поднятые в спектакле вопросы. Отсутствие у героини выраженных эмоций, ее холодная интеллектуальная позиция, прозаическая манера изображения событий — все эти элементы не позволяют зрителю слишком глубоко сопереживать ей.

Даже когда ее сын убит и ее квартирная хозяйка приходит навестить ее, Пелагея Власова выражает непоколебимую приверженность партии и силе разума. Ее стоицизм удивляет хозяйку, которая принесла свою Библию, чтобы утешить скорбящую женщину. Мать почтительно отказывается взять Библию, потому что она не нуждается в утешении:

> ДОМОВЛАДЕЛИЦА. А на днях вы ночью ревели белугой.
> Я слышала через стену.
> МАТЬ. Простите за беспокойство.
> ДОМОВЛАДЕЛИЦА. Да вы не извиняйтесь. Я не к тому.
> Но скажите — плакали вы от разума?
> МАТЬ. Нет.
> ДОМОВЛАДЕЛИЦА. Вот видите. Недалеко, значит, уйдешь
> с вашим разумом.
> МАТЬ. Плакала я не от разума. А вот перестала плакать — от
> разума. То, что сделал Павел, было правильно [Ibid.: 140].

Затем мать продолжает обсуждать важность религии с женщинами, которые пришли утешить ее. Даже в самый тяжелый момент Пелагея Власова занимается политической критикой, основанной на рациональных принципах и материальной реальности, говоря: «К чему мне ваш бог? Какой толк от него?» [Ibid.: 141].

Спектакль заканчивается тем, что Пелагея Власова возглавляет демонстрацию рабочих. Ей уже за 60, и она возглавляет шествие с красным флагом. Как и многие сцены в пьесе, эта написана в форме отчета о прошлом, где каждый персонаж рассказывает о событиях так, как будто они уже случились[46]. Только мать говорит в настоящем времени. Как и начальная сцена, заключительная написана таким образом, чтобы отдалить зрителей от действия и не позволить ключевым урокам затеряться в сюжете.

В отличие от пьесы «Мать» «Винтовки Тересы Каррар» — это образец пропаганды. Это единственная пьеса, написанная Брехтом в реалистическом стиле, совершенно без эпических элементов: ни изображений, ни хоров, ни явного раскрытия событий, ни историй в прошедшем времени и, самое главное, никакой музыки[47]. Их место заняли аристотелевские элементы трагедии: в центре пьесы — Тереса Каррар, классическая фигура героини, трагическим недостатком которой является чрезмерная забота о детях. Ее сын Хуан погибает из-за того, что она запретила ему участвовать в войне: его убивают националисты, когда он рыбачит. Происходит характерное трагическое «прозрение»: видя свою ошибку, она меняет мнение и жертвует собой ради дела республики.

Присутствуют все элементы, позволяющие зрителям отождествить себя эмоционально с Тересой Каррар и пережить события вместе с ней, не отвлекаясь на эпические факторы. Спектакль открывается рассказом *in medias res*. В отличие от неестественно описательного монолога Пелагеи Власовой, состоящего из фактов, Тереса Каррар и ее младший сын ведут «естественный» разговор:

МАТЬ. Видна еще тебе лодка Хуана?
МАЛЬЧИК. Да.
МАТЬ. Горит еще его фонарь?

---

[46] Например, первая строка сцены, произнесенная Рабочим, звучит следующим образом: «Когда мы подошли к Любинскому проспекту, нас было уже много тысяч. Пятьдесят заводов бастовало, стачечники присоединились к нам, протестуя против войны и царского самовластья» [Ibid.: 150].

[47] Это была одна из трех пьес Брехта, в которых не было музыки, две другие были его адаптацией «Антигоны» и некоторых сцен «Страха и отчаяния в Третьей империи». См. [Willett 1998: 167].

МАЛЬЧИК. Да.
МАТЬ. А другие лодки не подошли?
МАЛЬЧИК. Нет.
Пауза.
МАТЬ. Странно. Почему больше никто не рыбачит?
МАЛЬЧИК. Ты ведь знаешь.
МАТЬ (*терпеливо*). Если я спрашиваю — значит, не знаю.
МАЛЬЧИК. Никто, кроме Хуана, не вышел в море, у всех есть дела поважнее, чем ловля рыбы.
МАТЬ. Так [Brecht 2001: 210][48].

Здесь нам представлена беседа в естественном стиле. Никаких объяснений не дается. Персонажи разговаривают друг с другом, сохраняя невидимую четвертую стену между собой и зрителем. Между героями существует эмоциональное напряжение, призванное вовлечь зрителей в сюжет.

Из естественного развития событий зрители узнают подробности ситуации: другие молодые люди готовятся к отъезду или уже уехали, чтобы присоединиться к республиканским силам против Франсиско Франко. Тереса Каррар отправила сына Хуана ловить рыбу, чтобы он не узнал, что интернациональная бригада направляется на фронт в Мотриль, и не смог присоединиться к ней. Младший сын Тересы Каррар, Хосе, считает, что ему и его брату следует присоединиться к революционерам, несмотря на желание матери удержать их дома.

Когда посетители подходят к двери, чтобы уговорить Тересу Каррар изменить мнение и отпустить Хуана, из диалога мы узнаем, что ее муж, Карло Каррар, «был героем», который отдал жизнь, сражаясь за дело республики. Такой выбор формулировки особенно интересен. Нигде в «Матери» слово «герой» не используется для описания рабочих, участвовавших в социалистическом движении, даже сына Пелагеи Власовой, посвятившего и отдавшего борьбе свою жизнь, или самой Пелагеи Власовой. Хоровое произведение «Хвала Пелагеям Власовым» на самом деле является песней в честь всех тех, кто борется против капи-

---

[48] Здесь и далее перевод И. Каринцевой.

тализма — «Власовы всех стран — кроты истории, / Безымянные солдаты революции — / Незаменимые» [Brecht 1997b: 132]. В «Матери» отдельный революционер почитается как часть группы и может оставаться «неизвестным», сражаясь за дело, при этом понимая, что это разумно и что он или она, вероятно, никогда не будут считаться «героем». В пьесе «Винтовки Тересы Каррар», напротив, человек восхваляется за свои личные жертвы. Подчеркивается сентиментальный элемент смерти Карло Каррара, а не значимость дела, за которое он погиб.

Сентиментальное и субъективное снова появляются, когда старуха Перес объясняет свою ситуацию Тересе Каррар: «Знаете, вы только тогда сможете понять мою семью, когда представите себе, как мы горюем о нашей [дочери] Инес» [Brecht 2001: 229]. Здесь представлен опыт семейной жертвы, которая отделяет тех, кто действительно понимает ситуацию, от тех, кто не в силах ее понять. Именно субъективное переживание печали объединяет республиканцев, а не дело, за которое они борются.

Концовка пьесы «Винтовки Тересы Каррар» больше всего не соответствует «брехтовскому» стилю. На протяжении всей пьесы Тереса Каррар твердо стоит на том, что не отдаст ни сыновей, ни винтовки покойного мужа на дело республики. Вплоть до момента, когда Тереса Каррар узнает о смерти Хуана, она открыто выступает против войны и всех, кто принимает в ней участие. В момент, когда лодку Хуана становится больше не видно, но остается вероятность, что он, возможно, присоединился к республиканцам в бою, Тереса Каррар разражается самой длинной тирадой:

> Если он и вправду это сделал и вступил в милицию, так будь он проклят! Пусть они искрошат его своими бомбами! Пусть раздавят своими танками! Пусть знает, что господь не позволит издеваться над собой. И что бедняк не может идти против генералов... А вернется, я не открою ему двери в награду за то, что победил генералов! Я скажу ему, скажу через дверь, что не потерплю у себя в доме никого, кто запачкал себя кровью [Brecht 2001: 234].

Вскоре после того, как она заканчивает говорить, двое рыбаков приносят тело Хуана и сообщают, что «они» расстреляли Хуана из пулеметов, когда он рыбачил, не удосужившись проверить, гражданский он или нет.

Отношение Тересы Каррар к себе и окружающему миру мгновенно меняется. Теперь она боец-лоялист: «Это не люди. Это проказа, их надо выжечь, как проказу» [Ibid.: 235]. Накрыв тело сына, она кричит: «Достаньте винтовки! Собирайся, Хосе!» Последние реплики пьесы произносятся, когда Тереса Каррар «берет в руки винтовку»:

МАЛЬЧИК. И ты с нами?
МАТЬ. Да, за Хуана [Ibid.: 235–236].

В данном случае ее отношение к войне меняет именно личная потеря — потеря сына, а не какая-либо рациональная оценка обсуждаемого политического дела. И она вступает в борьбу именно «за Хуана» и его память, а не за народ или веру в лучшую жизнь.

Как и все классические трагедии, «Винтовки Тересы Каррар» определяется эмоциями. Это произведение не об объективных материальных условиях, а о чести, страхе, гордости и верности — элементах, которые воздействуют на эмоции зрителей, побуждая их поддержать Тересу Каррар и ее сына скорее из сочувствия, чем по доводам рассудка. Пьеса не содержит предметного обсуждения политических вопросов гражданской войны; они даже не упоминаются. Никто ничему не учится. А сама трансформация происходит мгновенно. За ней не кроются никакие причины, только боль.

И все же неудивительно, что пьеса имела большой эффект[49]. Трудно не разделить боль Тересы Каррар, когда она узнает, что сын, которого она пыталась всеми силами защитить, умер напрасно. И трудно оспаривать ее решение — что можно сказать горюющей матери? В ситуации, когда всех переполняют эмоции,

---

[49] Обсуждение драматической эффектности пьесы см. в [Esslin 1984].

какую роль может сыграть разум? Во время одного из спектаклей первой постановки даже величайшая актриса Брехта, Хелена Вайгель, сыгравшая Тересу Каррар, как ни старалась, не могла сдержать слез[50]. Именно эмоциональная сила пьесы делает ее такой опасной. Минимальными усилиями можно изменить время и место событий так, чтобы они соответствовали любой исторической ситуации, будь то революция 1917 года в России, Первая мировая война (для любой участвующей страны) или гитлеровская Германия. И так как конкретная политика не обсуждается и причины желания пойти на войну не называются, пьеса может одинаково хорошо работать как для правых, так и для левых.

«Винтовки Тересы Каррар» была воспринята коммунистами как пьеса, в достаточной степени отвечающая требованиям социалистического реализма. Ее ставили 15 раз с момента премьеры в 1937 году и вплоть до 1945 года. Пьесу исполняли театральные труппы коммунистов и Народного фронта по всей Европе, а ее успех способствовал карьере такого режиссера, как Златан Дудов [Brecht 2001: 4]. Сам Брехт был не совсем доволен реалистическим характером пьесы. Он писал, что «Винтовки Тересы Каррар» «является пьесой в аристотелевском (эмпатичном) стиле. Недостатки этой методики можно компенсировать до определенной степени, представив пьесу вместе с документальным фильмом о событиях в Испании или связав ее с каким-либо пропагандистским поводом»[51]. Он добавил к пьесе пролог и эпилог в эпическом стиле после падения Испанской республики. В них несколько новых персонажей читают газету и сообщают зрителям о том, что узнали. В эпилоге рассказывается об эпизоде Тересы Каррар [Brecht 2001: 4]. Брехт сделал все что мог, чтобы смягчить воздействие эмпатии на аудиторию.

Как любил говорить Брехт: «Чтобы судить о пудинге, надо его отведать». «Реалистической» пьесой «Винтовки Тересы Каррар» Брехт продемонстрировал, что социалистический реализм так

---

[50] См. [Ewen 1967: 320].

[51] Цит. по: [Esslin 1984: 60].

же опасен, как и любой формалистический способ выражения. Возможно, именно поэтому после пьесы «Винтовки Тересы Каррар» он отказался от попыток вписаться в социалистический реализм и вернулся в эпический театр. В следующем году он критиковал Лукача, а после начала Второй мировой войны перестал писать антифашистские пьесы. Шок от германо-советского пакта усилил его опасения о судьбе коммунизма. В результате Брехт вернулся к эпическому театру, который теперь мог служить только формой сопротивления.

Заключение

Пишущий в изгнании Брехт не имел того влияния, которым он пользовался в Германии. Он продолжал писать, его пьесы ставили — в эмиграции он написал некоторые из своих самых драматически сложных произведений, — и все же его мечта помочь построить рабочее государство больше не могла осуществиться. В 1941 году Брехт уехал из Скандинавии в Лос-Анджелес в надежде добиться успеха в американской индустрии театра и кино. Хотя постановка «Жизнь Галилея» была довольно хорошо принята, Брехту не удалось пробиться на американскую сцену, возможно, потому что наличие политического послания и категоричного взгляда на работу не помогало в обществе, в котором сфера культуры определяла все аспекты производства и распределения. Если в Германии ему могло сойти с рук желание контролировать постановку, чтобы гарантировать ее соответствие его авторскому видению, в Соединенных Штатах такая практика была неприемлема, поскольку после предоставления сценария театру писатель не имел больше права вмешиваться в постановку. Он покинул Соединенные Штаты на следующий день после дачи показаний перед Комиссией по расследованию неамериканской деятельности в октябре 1947 года.

Брехт десятилетиями мечтал о том, чтобы вернуться домой. В 1949 году его мечта сбывается: он возвращается в Берлин и получает театр для своей труппы «Берлинер ансамбль». Возвращение было наполнено горькой радостью. Отстраненный от культурной индустрии авторитарными правительствами Восточной Германии и Советского Союза, Брехт снова мог работать в общественной сфере. Здесь он не был связан правилами рынка, но зависел от одобрения государства. Брехт сделал выбор: чтобы вернуть роль политического деятеля, он пожертвовал политической свободой ради политической актуальности. Но Брехт не был глуп — он хранил деньги в швейцарском банке и получил австрийское гражданство. При необходимости он был готов снова уехать, но этого все же не потребовалось. Он прожил в Берлине до самой своей смерти в 1956 году.

Бертольт Брехт был первопроходцем, разработавшим революционный политический театр, который позволил его актерам и зрителям увидеть политику в духе Арендт. Его величайшими достижениями были учебные пьесы и формат мастерских, в которых актеры и зрители были едины. Когда участники постановки в мастерской меняются ролями, в конце концов возвращаясь к первоначальным ролям, они становятся способны дистанцироваться не просто от одного персонажа и его поступков, а от группы персонажей — от совокупности социальных отношений. Этот процесс позволяет им лучше понять социальные ограничения и возможности, влияющие на действия каждого персонажа, и стать свидетелем того, как действует социальная структура, противопоставляя индивидуумов и группы друг другу и разрушая сплоченность социальной группы в целом. Разговоры, вытекающие из этой практики, — об изображаемых событиях, выборе, сделанном персонажами, альтернативах, которые не были выбраны, и о том, как история может быть переписана, — это политические разговоры между равными людьми, объединенными общим проектом, включающим творчество, суждения, сотрудничество и размышления. Это лучшее, что может предложить политический театр.

В дебатах с Лукачем Брехт подверг критике советскую практику ограничивать творческое самовыражение одним конкретным художественным стилем. В пьесе «Винтовки Тересы Каррар» он продемонстрировал реакционную силу реализма, опровергнув утверждение Лукача о том, что социалистический реализм по своей сути прогрессивен. А в пьесе «Мать» он продемонстрировал ценность эпического театра для создания того типа прогрессивного искусства, который хотели иметь в СССР. В то время как реализм — будь то социалистический или буржуазный — может способствовать сочувствию по любому поводу, эпический театр учит ко всему относиться скептически. Основанный на рациональности, интеллектуальной вовлеченности и критической рефлексии, эпический театр подлинно политичен: его нельзя использовать как орудие инструментальной политики, так как он не предлагает ответы, а только вопросы. Невозможно создать успешное пропагандистское произведение, основанное на рациональной аргументации и логике и поощряющее рефлексию и изыскания. Следовательно, эпический театр никогда не может использоваться как оружие любого конкретного режима или партии. Он выходит за рамки инструментальной политики и создает политику истинную. На основе критики Лукача и удушающей политики социалистического реализма, создания вида театра, который по своей сути является политическим, и разработки мастерских, в которых воплощена практика эпической теории, Брехта можно рассматривать в качестве, пожалуй, самого важного политического драматурга XX века.

Глава 4
Жан-Поль Сартр:
театр ситуаций

Жан-Поль Сартр был младше Брехта на семь лет. Он родился в 1905 году в Париже, в состоятельной буржуазной семье — дедушка по материнской линии, который принимал активное участие в его воспитании, был преподавателем немецкой литературы и родственником Альберта Швейцера. Живя в относительно стабильном либерально-демократическом государстве, ценившем права человека и верховенство закона, молодой Сартр имел возможность посвятить себя образованию и разработке собственной учебной программы. В элитной Высшей нормальной школе (Ecole Normale Supérieure) у него появился интерес к изучению философии, особенно феноменологических сочинений Анри Бергсона, Эдмунда Гуссерля и Мартина Хайдеггера. С 1933 по 1935 год он был студентом-исследователем Французского института в Берлине и во Фрайбургском университете, где он еще больше погрузился в сочинения Гуссерля. По возвращении во Францию Сартр преподавал философию в средней школе в Гавре. Хотя Сартр отказался от преподавания после Второй мировой войны ради независимой карьеры ученого и философа, он тем не менее оставался частью французской интеллектуальной элиты. С самого начала Сартр был прежде всего философом сознания и теоретиком субъективности[1]. Его

---

[1] Наш биографический портрет Сартра во многом основан на [Cohen-Solal 1987].

тянуло к абстрактно-метафизическим рассуждениям и литературе как средствам философской рефлексии. Публикация романа «Тошнота» в 1938 году и сборника рассказов «Стена» в 1939 году помогла ему завоевать репутацию выдающегося писателя-философа.

Философский интерес Сартра к гуманизму в сочетании с общим французским опытом немецкой оккупации привел его к написанию пьес, призывающих к сопротивлению и ответственности. Чтобы ответить на специфические вызовы жизни в 1940-х и 1950-х годах, он разработал собственный «театр ситуаций». Как и Брехт, Сартр разрывался между сталинизмом с одной стороны и западным капитализмом с другой. Как и Брехт, Сартр искал третий вариант — гуманистический социализм, который позволил бы личности процветать. Он пытался по-разному лавировать в политике холодной войны. После попытки — неудачной — основать новую социалистическую партию, Сартр стал апологетом сталинизма, а затем полностью отверг мир политики коммунистов. После 1956 года он вернулся к философии и отказался от драматургии.

В этой главе мы расскажем о философских проблемах Сартра, изучим путь его становления как политического драматурга, начиная с первой пьесы «Бариона», написанной, когда Сартр был в лагере для военнопленных. Затем мы перейдем к обсуждению высшей точки театральной карьеры Сартра: в пьесах «Мухи» и «За закрытыми дверями» он призывал граждан оккупированной Франции сопротивляться немцам и действовать как свободные и ответственные существа. После мы расскажем о театре Сартра времен холодной войны и об особенностях его «театра ситуаций». В конечном счете неспособность Сартра отказаться от главенства личных интересов над коллективными и невозможность найти политическое сообщество после Второй мировой войны ограничили силу его драмы. Однако недостатки Сартра как драматурга компенсируются вкладом, который он внес в наше понимание политического театра как одного из инструментов сопротивления в современном мире.

Экзистенциализм и сопротивление

Франция 1930-х годов была далека от мира. Алжирский кризис был в самом разгаре, и подъем гитлеровской Германии отбрасывал все более мрачную тень на европейский континент, особенно на территорию соседки-Франции. Нацистские вторжения в Чехословакию и Польшу привели к началу Второй мировой войны в 1939 году. Именно в этот неспокойный год Сартр стал военнослужащим французской армии и в то же время начал работу над своим, пожалуй, самым важным философским трудом «Бытие и ничто: опыт феноменологической онтологии». Даже когда он был в плену у немцев в 1940 году и когда помогал движению Сопротивления после побега в 1941 году, он сохранял научную направленность и продолжал работать над рукописью.

Центральной темой работы «Бытие и ничто» и сартровского экзистенциализма в целом является онтологическая и моральная свобода индивидуального человеческого субъекта в мире, где нет бога. Основываясь на трудах Кьеркегора, Гуссерля и Хайдеггера, Сартр развивает концепцию человеческого существа, сосредоточенного на «отрицании»/трансценденции. Человек, утверждает Сартр, создает себя или становится самим собой, превосходя данность. Другими словами, у человека нет сущности, постоянства или природы за исключением того обстоятельства, что его существование всегда под вопросом. Таким образом, человек «ничто» в двух смыслах. Во-первых, у него нет положительной, субстанциальной идентичности, цели или сущности. А во-вторых, он становится тем, кем он (условно) становится, используя это «ничто» в форме *отрицания* того, что уже имеется. Сартр признает, что люди являются частью более широкого материального мира; что этот мир частично сформирован предшествующими человеческими решениями и действиями; а также то, что и люди сформированы этим миром. Но он также утверждает, что данность или «фактичность» этого мира частична и условна, так как мир и люди, населяющие его, всегда находятся в процессе *становления*, и этот процесс обусловлен тем, что человеческая личность обладает качеством жить всегда «для себя».

В лекции «Экзистенциализм — это гуманизм», прочитанной в 1945 году и опубликованной год спустя в виде эссе, Сартр пишет, что, в отличие от «ножа для разрезания бумаги» или любого другого предмета, который сделан для определенной пользы или цели, «он [человек] есть лишь то, что сам из себя делает. Таков первый принцип экзистенциализма... человек — существо, которое устремлено к будущему и сознает, что оно проецирует себя в будущее» [Сартр 1989]. Возможно, самое ясное изложение Сартром этических последствий этого подхода представлено в опубликованном в 1945 году эссе «Размышления о еврейском вопросе». Как и в книге «Бытие и ничто», он концентрируется на отличительной онтологической *субъективности* человеческих существ, которая отличает их от объектов мира и возлагает на них особую *ответственность*, которая является одновременно вызовом и возможностью. Сартр развивает эту тему с помощью двух ключевых понятий — «ситуация» и «аутентичность». Он пишет о первом:

> мы определяем человека прежде всего как существо «ситуационное». Это означает, что человек и та ситуация, в которой он существует, образуют синтетическое единство — в биологическом, экономическом, политическом, культурном и иных отношениях. Человека нельзя отделить от его ситуации, потому что она его формирует и определяет его возможности, но и наоборот, человек определяет смысл ситуации своим выбором себя в ней и через нее. Находиться в некоторой ситуации, в нашем понимании, значит выбирать себя в этой ситуации; люди различаются между собой соответственно различию их ситуаций, а также в зависимости от того выбора, который они совершают в отношении собственной персоны. То общее, что их всех объединяет, — отнюдь не их «природа», но — условия существования, то есть комплекс ограничений и связей: необходимость умереть, необходимость работать, чтобы жить, необходимость существовать в мире, уже заселенном другими людьми. Эти условия существования и составляют, в сущности, фундаментальную человеческую ситуацию или, если угодно, комплекс отвлеченных признаков, общих для всех ситуаций[2].

---

2   Сартр Ж.-П. Размышления о еврейском вопросе. URL: https://scepsis.net/library/id_1138.html.

Тем не менее, если люди всегда находятся «в ситуации», то есть в историческом, институциональном и интерсубъективном контексте, они также всегда ответственны за то, как они справляются со своей ситуацией, и за то, принимают ли они полностью на себя ответственность за соучастие в сохранении статус-кво или за попытку его *изменить*. И это приводит к понятию «аутентичность»:

> Если мы согласимся с тем, что человек — это свобода выбора в заданной ситуации, то легко поймем, что эту свободу можно определить как аутентичную или неаутентичную, в зависимости от ее выбора самой себя в той ситуации, в которой она возникает. Аутентичность, по самому смыслу слова, предполагает способность трезво и адекватно оценивать ситуацию, брать на себя ответственность, принимать опасности, которыми ситуация чревата, и с гордостью — или в унижении, а иногда — с ненавистью и страхом отстаивать свои права.
> Вне всякого сомнения, аутентичность требует большой смелости — и не только смелости... И аутентичным евреем будет тот, который утверждает себя в атмосфере окружающего презрения и — через это презрение [Там же].

В силу присущей человеческим действиям ситуативности аутентичность может никогда не реализоваться полностью. Люди могут стремиться к достижению аутентичного состояния в данной ситуации, но они никогда не могут знать, достигли они его или нет, поскольку их собственная субъективность является частью того, что определяет их ситуацию и, следовательно, их выбор. Именно недостижимость аутентичности и постоянное изменение ситуации одновременно допускают и определяют процесс *становления*.

Сартр пережил французскую оккупацию и войну. Этот опыт сыграл решающую роль в развитии его философии экзистенциализма. В «Дневниках странной войны» Сартр отмечает, что война все больше становилась одновременно материалом и объектом его размышлений. К 1940 году он оказался на экзистенциальном «перепутье», и «аутентичность» требовала, чтобы он понял и пережил войну как «один из способов человеческого бытия в мире» [Sartre 2009: 111]. Немецкий плен в 1940 году и последовавшие за этим обстоятельства заключения и солидарности явно сыграли решающую роль в его осознании важности политики и особенно императива сопротивления. Фактически Сартр сочинил первую серьезную пьесу «Бариона, или Сын грома» в декабре 1940 года, когда жил в лагере для военнопленных в Трире [Sartre 1976: 183].

В письме Симоне де Бовуар в 1940 году Сартр открыто говорил о том, что он изначально присоединился к лагерной группе драматургов, чтобы избежать тяжелого физического труда остальной части лагеря. Драматурги были освобождены от такого труда, так как их роль заключалась в том, чтобы писать пьесы, которые будут развлекать товарищей по заключению и поддерживать их моральный дух (и, следовательно, ослаблять их стремление к бунту). В письме к Бовуар Сартр с энтузиазмом отзывается об актерских проектах и с радостью пишет, что его собственная пьеса «Бариона» должна быть поставлена в ближайшем будущем. «Пожалуйста, поверь, — писал он, — что я, *несомненно*, обладаю талантом драматурга». Сартр был доволен пьесой, заявив в том же письме о желании написать еще больше пьес в будущем [Ibid.: 184].

Сюжет пьесы «Бариона» сосредоточен на рождении Христа, теме, которая решала сразу две задачи: во-первых, все заключенные были знакомы с сюжетом и временем постановки — это был канун Рождества, — что обеспечивало Сартра большой и восторженной аудиторией. Во-вторых, тот факт, что время и место действия пьесы были так далеки от непосредственного положения узников, позволял Сартру быть крайне политически и философски провокационным, не опасаясь порицания со стороны немцев. Как он сказал Поль-Луи Миньону в 1968 году:

> Для меня в этом эксперименте было важно именно то, что как заключенный я мог обратиться к своим товарищам по заключению и поднять общие для всех нас проблемы. Сценарий изобиловал намеками на обстоятельства того момента, которые были совершенно ясны каждому из нас.

Посланник из Рима в Иерусалим был в нашем представлении немцем. Наши конвоиры видели в нем англичанина в его колониях! [Ibid.: 185].

Действительно, кажущаяся безобидной рождественская пьеса Сартра на самом деле была актом сопротивления в общественном пространстве лагеря. Тот факт, что общение между Сартром, актерами и аудиторией происходило на открытом воздухе, сделал это мероприятие еще более подрывным.

Хотя постановка пьесы сама по себе была актом скрытого сопротивления, сценарий содержал послание надежды и солидарности. Бариона — глава небольшой деревни недалеко от Вифлеема, который выступает против римлян. Он знает, что приказ посланника, чтобы они платили больше налогов, чем они могут, оставляет жителям деревни два выхода: они могут либо отказаться платить налоги, что приведет к разграблению римлянами их земель и изнасилованию их женщин, либо же они могут заплатить, остаться ни с чем и стать по итогу наемными рабами на фабриках Вифлеема. Бариона выбирает третий путь для своей деревни — они заплатят налог и поклянутся не иметь больше детей, рожденных в римском рабстве. Различие между покорностью и свободным выбором является сутью проблемы для главного героя: «Покорность недостойна человека. Вот почему я говорю вам, что мы должны решиться на отчаянный шаг... ибо достоинство человека сокрыто в его отчаянии» [Sartre 1974: 86].

Весть о рождении Мессии заставляет жителей деревни отказаться от Бариона и его плана. Когда все едут в Вифлеем, чтобы посетить Христа, Бариона остается наедине со своими мыслями о сопротивлении. После того как знахарь рассказывает ему о будущей жизни и распятии Христа, Бариона клянется убить ребенка, потому что он видит смерть еврейского политического сопротивления в покорности, смирении и прощении, воплощенных в Христе. Он не убивает младенца только потому, что, глядя в глаза Иосифу, он осознал, какую боль причинит своим поступком отцу ребенка. Именно тогда Бариона — и только Бариона — узнает «по-настоящему благую весть» от одного из мудрецов: не пришествие Христа на землю благословение, ибо «он разочарует всех» тем, что не создаст рай на земле [Ibid.: 128]. Настоящим подарком, приготовленным для них всех, является то, что Бариона может сразу понять. Как говорит ему мудрец:

> Ты откроешь истину, которой Христос пришел научить тебя и которая тебе уже известна: ты — не твои страдания. Все, что ты делаешь, как бы ты ни смотрел на это, ты бесконечно превосходишь; потому что это означает именно то, что вам нужно.
> Именно ты придаешь этому значение и делаешь его таким, как оно есть. Поскольку само по себе это не что иное, как материя для человеческих действий, и Христос пришел научить тебя тому, что ты несешь ответственность за себя и свои страдания… И если ты примешь свою долю страданий как хлеб насущный, то выйдешь за их пределы. И все, что за пределами твоего страдания и забот, все это принадлежит тебе — все это — все на свете, я имею в виду мир [Ibid.: 129–130].

Мудрец говорит главному герою, что он не должен сожалеть о чужих страданиях или препятствовать зарождению новой жизни; даже пленники Рима могут найти радость за пределами своих страданий. Пьеса заканчивается тем, что Бариона собирает людей, чтобы отогнать солдат Ирода, намеревающихся убить Христа. Преодолев свои страдания, Бариона готов умереть, чтобы защитить Мессию, и умереть с радостью.

В последнем монологе пьесы Бариона обращается к зрителям-заключенным:

> А вы, заключенные, это конец рождественской пьесы, которая была написана для вас. Вы не счастливы, и, может быть, среди вас найдется больше одного человека, кто испытал привкус желчи во рту. Я говорю об этом горько-соленом вкусе [вкусе ненависти]. Но я думаю, что и вам в этот рождественский день — и в другие дни — будет еще радостно! [Ibid.: 136].

Сартр обращается к теме политического сопротивления в пьесе «Бариона» нетрадиционным, но философски проработанным методом. Бариона и жители деревни находятся в ситуации, похожей на ситуацию Сартра и его товарищей: нет никакого способа избежать господства их угнетателей, и методы сопротивления, доступные им, крайне ограничены. Выбор отчаяния — возможно, правильный экзистенциальный выбор — имеет практические последствия для человека и общества и не может никому помочь. Кроме того, полагаться на обещание освобождения — все равно что ждать прихода Мессии, чьи действия могут не привести к ожидаемым результатам. Единственный выход, доступный тем, кто рассчитывает только на себя и свое окружение, состоит в том, чтобы принять свое положение и обрести свободу, которую несет в себе надежда. Надежда, как и страдание, есть то, чего не могут отнять ни Бог, ни другой человек; ее может погасить лишь тот, кто ее испытывает. Политические последствия надежды — в данном случае последствия того, что заключенные взаимодействуют друг с другом и с охранниками — не определены, но наполнены возможностями, недоступными тем, кто выбирает отчаяние.

Спустя десятилетия Сартр говорил с Поль-Луи Миньоном о главных достижениях пьесы «Бариона» — она была хорошо принята аудиторией, связывая Сартра с другими узниками, а заключенных между собой; он смог тайно передать заключенным послание о сопротивлении через знакомую историю о рождении Христа; и через пьесу он смог выразить свою экзистенциалистскую философию для широкой аудитории [Sartre 1976: 185]. Комментарии Сартра для Бовуар и Миньона охватывают, но отнюдь не исчерпывают основные причины, по которым Сартр продолжал писать пьесы после освобождения из лагеря военнопленных.

«Театр ситуаций»

В книге «Между прошлым и будущим» Ханна Арендт цитирует Рене Шара, французского поэта Сопротивления, описывавшего опыт французов, полученный в результате немецкой оккупации:

С разгромом Франции, ставшим для них полной неожиданностью, политическая сцена их страны внезапно опустела: ее оставили шутам-марионеткам и дуракам; и те, само собой никогда не участвовавшие в официальных делах Третьей республики, заполнили ее, словно втянутые вакуумом. Таким образом, без всякого предостережения и, вероятно, вопреки своим сознательным наклонностям, они волей-неволей образовали такое публичное пространство, где — без каких-либо бюрократических принадлежностей и втайне от друзей и врагов — все, что имело отношение к делам страны, выполнялось с помощью слова и дела [Арендт 2014].

Арендт продолжает:

Долго это не продлилось. Их освободили от того, что они с самого начала считали «бременем», и вернули к их личным делам (которые, как они теперь знали, невесомы, поскольку ни к чему не относятся)... [или] к старой бессодержательной схватке конфликтующих идеологий... Они лишились своего сокровища [Там же: 5].

И вот на короткое время во Франции возникло политическое сообщество людей, живущих в общественной сфере и собравшихся вместе из-за необходимости иметь дело с обстоятельствами войны и оккупации[3]. Именно в этом контексте Сартр стал политической фигурой: сначала как заключенный драматург, стремящийся вдохновить своих товарищей, а затем как писатель, одержимый темой сопротивления, темой, которая определила его литературу, философию и активизм. В очерке «Ситуация писателя в 1947 году» Сартр размышлял о войне и оккупации, пережитых его поколением:

Судьба наших произведений была тесно связана с судьбой Франции, находящейся в опасности. Старшее поколение творило для спокойных душ. Для нашей публики каникулы уже кончились. Люди, как и мы, ждали войны и смерти. Для

---

[3] См. [Wilkinson 1981].

этих читателей без досуга, имеющих только одну заботу, существовал только один сюжет. Их война, их смерть, о которых мы должны были написать. Довольно грубо нас вернули обратно в историю, нам пришлось создавать литературу историчную [Сартр 1999: 186].

Литература старшего поколения — людей, которые были уверены, что существует объективная истина; которые экзистенциально основывались на религии, национализме или естественном праве; которые верили, что демократия станет универсальной, — больше не имела смысла для тех, кто испытал ужасы Второй мировой войны. Люди этого поколения буквально в одночасье узнали о пределах человечности и теперь жили в мире неизбежных моральных дилемм, с которыми никогда прежде не сталкивались. Им требовалась «историческая литература», которая по необходимости обращалась к насущным темам эпохи: темам войны, тюремного заключения, пыток, геноцида, убийства, соучастия, виктимизации и восстания. Это была, по выражению Сартра, литература «крайних ситуаций», в которых сама идентичность и неприкосновенность человека ставилась под сомнение:

Поскольку мы оказались в *ситуации*, нам и осталось писать романы только об этой *ситуации*. Пришлось обойтись без внутренних рассказчиков и всезнающих свидетелей... Пришлось представить существа, чья реальность создавалась из беспорядочного и противоречивого переплетения оценок, данных каждым обо всех, включая и себя, и всеми о каждом. Эти создания никак не могут понять изнутри, происходят ли изменения их судеб из-за их собственных усилий и ошибок или это просто следствие движения вселенной [Там же: 194] (курсив оригинала).

Другими словами, эта новая литература сама находилась в контексте, в котором старые проводники не привносили мудрости, и единственное, что поддавалось контролю индивида — в той мере, в какой контроль может быть осуществлен вообще, — было его собственными действиями.

Экзистенциализм стал идеальной отправной точкой для этой новой литературы. Сосредоточенный на субъективном опыте индивидуума, неопределенности, присущей его ситуации, и на последствиях выбора, который он делает, экзистенциализм легко вплетался в язык литературы и драмы. Он был основан на слиянии теории и практики и легко применим как к повседневным ситуациям, так и к событиям высокой важности. Помимо Сартра, Симоны де Бовуар, Альбера Камю, Жана Жене, другие современные экзистенциалисты также определяли послевоенную литературу, подчеркивая личную ответственность, вовлеченность и присущую человеческому опыту неоднозначность.

Сартр принимал участие в создании современного драматического мира, предлагая свою театральную модель жителям Парижа. Его видение современного театра сильно отличалось от течений того времени, и его драматургия не всегда оценивается по достоинству. Пока реалисты, наследники Станиславского, в целях социальной критики стремились воссоздать зеркальное отражение общества; пока начинающие драматурги абсурдистского движения принимали участие в языковых играх, чтобы заново исследовать человеческие отношения; и пока Брехт развивал понятие остранения как средство обучения общественности критическому мышлению, Сартр разрабатывал собственную драматургию — «театр ситуаций».

Сартр пишет, что в театре ситуаций «нет больше персонажей; герои — это свобода, пойманная в ловушку, как и все мы». Как и во внешнем мире, психология и личность человека становятся неважными, как только его жизнь сводится к единственному моменту, единственному выбору. «Что же делать? Каждый персонаж превратится в вариант выхода и будет стоить ровно столько, сколько стоит избранный им выход» [Там же: 255]. В этом театре «*действие* раскрывает *бытие*» [Там же: 206]. Таким образом, буржуазный театр персонажей заменяется театром поступков.

Вторая пьеса Сартра, «Мухи», посвящена ситуации французского гражданина, попавшего в ловушку вины и стыда. Нацисты учредили культ покаяния, который привел французов к мысли, что оккупация была их виной и что они должны испытывать чувство стыда по этому поводу. Они начали видеть себя недостойными людьми и пропускать каждое свое действие через призму этого стыда: «Цель [нацистов] состояла в том, чтобы погрузить нас в такое состояние раскаяния и стыда, чтобы мы были неспособны оказать какое-либо сопротивление. Мы должны были найти удовлетворение в нашем раскаянии, даже удовольствие. Тем лучше для нацистов» [Sartre 1976: 193]. Этот акцент на раскаянии лишил французов истинной ответственности, силы, которая, как полагал Сартр, должна была привести их к сопротивлению [Ibid.: 193–194][4].

Хуже того, немецкие войска начали наносить ответные удары Сопротивлению. Они брали и убивали заложников за каждого убитого Сопротивлением немецкого солдата. Таким образом, немцы сыграли на французском моральном долге, полагая — часто правильно, — что Сопротивление не стало бы жертвовать невинными людьми в борьбе с нацистами. Следовательно, для населения оккупированной Франции чувство вины было неизбежным: коллаборационисты чувствовали вину за то, что не сопротивлялись, а бойцы Сопротивления чувствовали вину за причинение невинным людям смертельного вреда. Сартр отвечал на эту моральную дилемму, в которой не было однозначного морального выбора, ибо и действие, и бездействие вызывали презрение по этическим соображениям. Как позже сказал Сартр:

> Написав свою пьесу, я пытался собственными усилиями, пусть и слабыми, сделать все возможное, чтобы искоренить эту болезнь раскаяния, это удовлетворение от раскаяния и стыда... Я говорил своим собратьям-французам: вы не должны каяться, даже те из вас, кто в каком-то смысле стал убийцей; вы должны взять на себя ответственность за свои действия, даже если они привели к гибели невинных людей [Sartre 1976: 193–194].

Именно потому, что выхода из моральной дилеммы нет, нужно переосмыслить, что значит жить ответственно. Сартр разли-

---

4   См. также [Ryder 2009: 78–95].

чает ответственность и раскаяние, понятия, которые нацистам удалось полностью смешать:

> Я говорю, что чувство ответственности необходимо, что это ключ к будущему. При совмещении в покаянии самых разных элементов происходит смешение понятий, что приводит к неверным представлениям о содержании вины или распознании этого чувства. Я осознаю вину, и моя совесть страдает от этого. Это вызывает чувство, которое называется раскаянием. Возможно, я также испытываю удовлетворение от раскаяния. Это просто пассивность, зацикленность на прошлом. Я ничего не могу извлечь из этого. С другой стороны, чувство ответственности может привести к чему-то другому, чему-то положительному, то есть к необходимой реабилитации, к действиям для плодотворного, позитивного будущего [Ibid.: 195].

Ответственность — важнейший компонент справедливого общества, поскольку она способствует как саморефлексии, так и реабилитации. В то время как раскаяние ведет к бездействию, пассивности (и часто) беспомощности, ответственность является катализатором для движения вперед и конструктивных действий.

Как и в случае с пьесой «Бариона», Сартр в пьесе «Мухи» выбрал уже знакомый аудитории сюжет, чтобы скрыть политический комментарий от нацистов. На этот раз в качестве темы он выбрал греческую трагедию «Орестея». В классическом произведении Эсхила Орест возвращается в родной Аргос, чтобы найти давно потерянную сестру Электру и отомстить за смерть отца, Агамемнона, убитого матерью и отчимом. После того, как он убивает их обоих, эринии, женские духи мести и вины, окружают его, ибо теперь его преступление должно быть отомщено. Классическая драма заканчивается тем, что Афина приходит на землю и выносит приговор в пользу Ореста, тем самым завершая череду кровопролитий, вызванных жаждой мести, которая управляла обществом на протяжении многих поколений. На ее место приходит рациональная судебная система, и Ореста освобождают.

Пересказ Сартра превращает основополагающий миф о процессуальной справедливости в «трагедию свободы» [Ibid.: 186]. Его версия сосредоточена на коллективном чувстве вины, которое поглотило жителей Аргоса после смерти Агамемнона. Эгисф, нынешний правитель и отчим Ореста, внушил им, что именно они несут ответственность за убийство Агамемнона, поскольку они знали, что оно возможно, но не сделали ничего, чтобы предотвратить его. Уже 15 лет горожане оплакивают своего царя, одеваясь во все черное, они никогда не смеются и все время молят богов и мертвых о прощении. Раскаяние стало величайшей добродетелью, а покорность единственным средством спасения. Юпитер, «бог мух и смерти» [Sartre 1989a: 49][5], помог Эгисфу, напустив полчища мух на горожан как символ их греха [Ibid.: 53]. На ежегодной церемонии Дня мертвых, основанной на лжи Эгисфа о том, что мертвые якобы возвращаются на один день в году, чтобы пугать живых, — Орест видит влияние этой непроходящей скорби на горожан:

ЖЕНЩИНА (*опускается на колени перед мальчиком*). Ну что с твоим галстуком. Третий раз перевязываю узел. (*Чистит его рукой.*) Ну вот. Теперь ты чистый. Будь паинькой и плачь со всеми, когда тебе скажут.
МАЛЬЧИК. Они должны прийти оттуда?
ЖЕНЩИНА. Да.
МАЛЬЧИК. Я боюсь.
ЖЕНЩИНА. Нужно бояться, миленький. Очень, очень бояться. Тогда станешь порядочным человеком [Ibid.: 73].

Другой прохожий, мужчина, падает на колени, провозглашая: «Я воняю, воняю! Я мерзкая падаль! Смотрите, мухи облепили меня, как вороны. Клюйте, буравьте, сверлите, мухи-мстительницы, рвите мою плоть, добирайтесь до моего поганого сердца. Я грешен, тысячекрат грешен, я сосуд смердящий, я сточная яма...»
В этот момент Юпитер, бог смерти, одобрительно провозглашает: «Молодец!» [Ibid.: 75]. Мужчины умоляют мертвых: «Про-

стите нам, что мы живы, когда вы мертвы» [Ibid.: 78], церемония продолжается, а мертвые выходят из пещеры.

Сартр преувеличивал изображение культа вины на сцене, так как хотел сделать его узнаваемым для публики в качестве отголоска ее собственной вины, связанной с оккупацией, и того, как нацисты поощряли такую вину. Будучи посторонним в этом зрелище, Орест потрясен и напуган страданиями горожан из-за преступления, к которому они не причастны. Он отвергает культ раскаяния, который поддерживает Юпитер, и — более радикально — идею о том, что он должен подчиниться воле богов. Он находит единственный возможный способ вырваться из этой ситуации — утвердить собственную волю. Юпитер и Эгисф, партнеры по возведению культа вечного раскаяния, обсуждают положение:

> ЮПИТЕР. Орест знает, что он свободен.
> ЭГИСФ (*живо*). Он знает, что свободен. Тогда его мало заковать в кандалы. Свободный человек в городе, как паршивая овца в стаде. Он заразит все мое царство, он загубит мое дело. Всемогущий боже, чего ты ждешь? Порази его.
> ЮПИТЕР (*медленно*). Чего я жду? (*Пауза. Горбится, усталым голосом.*) Эгисф, у богов есть еще один секрет...
> ЭГИСФ. Что ты хочешь сказать?
> ЮПИТЕР. Если свобода вспыхнула однажды в душе человека, дальше боги бессильны. Это уж дела человеческие, и только другие люди могут либо дать ему бродить по свету, либо удушить [Ibid.: 102].

Поскольку Юпитер не может вмешаться, Орест убивает свою мать Клитемнестру и Эгисфа, чтобы отомстить за смерть отца. После убийства, Ореста и соучастницу преступления Электру преследуют сначала мухи, а затем эринии, которые забирают их молодость и изводят их чувством вины. Эта разница между решениями и, следовательно, вариантами судьбы Ореста и Электры составляет кульминацию пьесы и основу идеи Сартра о сопротивлении через ответственность. Юпитер предлагает каждому из них избавление от страданий, которые должны стать их судьбой: все, что им следует сделать, это раскаяться и посвятить себя культу, и тогда они станут правителями Аргоса, заняв место своих жертв [Ibid.: 115]. Хотя Электра сопротивляется сначала, в конце концов она принимает предложение, взывая к Юпитеру:

> Я буду покорна твоему закону, я буду твоей рабыней, твоей вещью, я покрою поцелуями твои ступни и колени. Защити меня от мух, от брата, от меня самой, не оставляй меня в одиночестве, я посвящу всю мою жизнь искуплению. Я раскаиваюсь, Юпитер, я раскаиваюсь [Ibid.: 121].

Это ее последние слова в пьесе. Она отвергает свободу и возможность будущего, принимая вместо этого статичный мир вины и раскаяния, в котором она будет жить, взяв на себя роль своей матери, тем самым поддерживая порядок в Аргосе.

В отличие от своей сестры, Орест отвергает предложение Юпитера. Благодаря этому акту раскрывается послание Сартра: как он писал в то время,

> свобода — это не какая-то смутная абстрактная способность воспарить над человеческими трудностями; это самое абсурдное и самое неумолимое из обязательств. Орест будет идти вперед, неоправданный, и не имеющий права на оправдание и защиту, в одиночестве. Как герой. Как все мы [Sartre 1976: 186].

Орест провозглашает, что «трусливейший из убийц тот, кто испытывает угрызения совести» [Sartre 1989a: 116], ибо угрызения совести — это средство бегства от свободы. Вина дает утешение — утешение в том, что человек отдастся моральному абсолюту и позволит судить себя по его меркам. Истинная свобода означает никогда не знать, было ли оправдано действие или нет, она также означает жизнь с неуверенностью, которая возникает из-за необходимости делать выбор и отстаивать этот выбор без уверенности в окончательном суждении. Искупление недоступно свободному, ибо подразумевает судью выше самого человека; свободные люди ограничены миром человеческого суждения, которое, поскольку оно всегда изменчиво, оставляет индивида окончательным судьей собственных действий. Следовательно,

Орест заявляет, что «я обречен не иметь другого закона, кроме моего собственного» [Ibid.: 119]. Перед отъездом из Аргоса он всеми силами старается освободить горожан от бремени вины, открыв им истину о том, что «человеческая жизнь начинается по ту сторону отчаяния» [Ibid.]. Он уходит один, забрав с собою мух, довольствуясь положением «царя без земель и без подданных», готовый начать свою «странную» новую жизнь [Ibid.: 123].

Ореста можно считать героем, но не героем в аристотелевском смысле, то есть не исключительным человеком с трагическим недостатком, который должен принять судьбу, а наоборот — сартровским героем: обычным человеком, отвергающим идею судьбы и вместо этого отстаивающим свою свободу, совершая нравственно двусмысленный поступок и принимая на себя ответственность за любые последствия своего поступка[6]. Орест лучше всего воплощает идею Сартра о свободном человеке. Сартр представил Ореста французской публике в 1943 году в качестве примера, идеала, образца, а кроме того, напоминания о том, что, несмотря на политическую ситуацию, они являются людьми, которые живут только потому, что они действуют и берут на себя ответственность за эти действия.

Сосредоточив внимание на сопротивлении и чувстве вины, Сартр затем обратил внимание на другой аспект ситуации французской оккупации. Его третья пьеса «За закрытыми дверями» сфокусирована на склонности людей использовать других, чтобы не видеть себя такими, какие они есть на самом деле. Сартр называет это «непреднамеренным самообманом»: избеганием собственной свободы и соответствующей ответственности и аутентичности, которые сопровождают эту свободу[7]. Все три

---

[6] Возможно, именно это имел в виду Сартр, когда в 1948 году сказал, что «на мой взгляд, Орест ни в коем случае не является героем». Действительно, Орест — не классический герой, а образцовый человек нового времени [Sartre 1976: 196].

[7] С философской точки зрения «самообман» можно концептуализировать как стремление снять напряжение, существующее между конфликтующими аспектами человеческого существования, а также попытку сделать себя более удобным (и менее человечным).

главных героя пьесы «За закрытыми дверями» разыгрывают различные типы самообмана, и когда персонажи сталкиваются друг с другом, они все оказываются разоблачены.

В отличие от более ранних пьес Сартра, «За закрытыми дверями» — это не пересказ известной истории. Кроме того, в отличие от его более ранних работ, ее сюжет удивительно прост. Три человека попадают в ад, который в данном случае выглядит как декадентски оформленная гостиная. Сначала герои гадают о том, где прячутся демоны и какие физически болезненные наказания им предстоит вынести. Проходит время, и они постепенно осознают истинную ситуацию: они истязают друг друга в процессе их разговора, потому что на самом деле «ад — это другие люди».

Каждый герой провел свою жизнь на земле, прячась за некой маской. Отказываясь судить себя по своим действиям и полагаясь на веру других в эту маску, они, в конце концов, убеждают себя, что она реальна. После смерти они цепляются за фантазии о самих себе, и когда этим фантазиям угрожает опасность, они отказываются видеть правду. Гарсэн, журналист, казненный за дезертирство, намерен цепляться за свой «трансцендентный» героизм. Возможно, в жизни он вел себя как трус, но на самом деле он не такой, по крайней мере так он сам утверждает. У него никогда не было возможности продемонстрировать героизм, спрятанный глубоко внутри. Этот тип самообмана представляет собой попытку определить себя на основе не принятых решений, а согласно понятию «сущности», присущей «характеру». Подразумевается, что человека следует судить — и он должен нести ответственность — не за действия, а за сущность[8]. Поскольку Гарсэн существует теперь только в аду, где его действия доступны для всеобщего обозрения, ему все труднее цепляться за свой героизм. Для того чтобы не столкнуться с истинным Я, ему нужны «дру-

---

[8] Другой способ концептуализировать это — сказать, что Гарсэн пытается синтезировать свою фактичность со своей трансцендентностью. Сартр описывает это отношение в книге «Бытие и Ничто» как отношение человека, который верит: «Никакой упрек не может меня касаться, потому что то, чем я являюсь в действительности, и есть моя трансцендентность» [Sartre 1992: 164; Сартр 2000].

гие», которые будут видеть в нем героя. Взгляд другого — это единственное, что может поддержать его.

Тем не менее две его соседки по комнате, Эстель и Инэс, отказывают ему в положительном взгляде, которой он ищет. Их собственные проблемы самообмана мешают им поделиться с Гарсэном чем-либо и, в свою очередь, получить то, что им нужно друг от друга. Эстель, женщина из высшего общества, убившая своего новорожденного ребенка, чтобы скрыть любовную связь, одержима своей внешностью. Она пребывает в смятении и страхе после того, как узнает, что в аду нет зеркал. Она говорит остальным: «Прикасаешься к себе, но напрасно: кажется, будто тебя нет… Когда я разговаривала с кем-нибудь, я садилась так, чтобы смотреться в одно из них. Я разговаривала и видела, как я разговариваю. Я видела себя глазами других, и это меня развлекало»[9]. Без зеркал ей становится все труднее дистанцироваться от самой себя, смотреть на себя как на объект, как это делают другие. Таким образом, она вынуждена видеть и воспринимать себя свободным и ответственным человеческим субъектом. Цепляясь за представление о себе как об объекте, неспособном к свободному действию, она не сможет дать Гарсэну взгляд, который ему необходим, чтобы почувствовать поддержку (так как такие объекты не способны смотреть). И все же ни один из ее товарищей по заключению не будет смотреть на нее таким образом, чтобы она могла продолжать воспринимать себя как прекрасный объект.

Остается еще Инэс, лесбиянка, которая довела свою любовницу до самоубийства. Она убила и себя, и ее, включив ночью газ. Когда герои рассказывают друг другу, по какой причине они оказались в аду, Инэс объясняет свою ситуацию просто: «Я-то была, что называется, проклятой женщиной. Уже тогда проклятой, прошу заметить. Вот я и не особенно удивилась» [Sartre 1989b: 25]. В какой-то момент своей жизни она приняла приговор, вынесенный ей другими, и действовала соответственно ему.

---

[9] Эстель попыталась синтезировать свое «бытие-для-себя» со своим «бытием-для-других», «сближая два взгляда: [свой] и взгляд Другого» [Sartre 1992: 164; Сартр 2000].

На протяжении всей пьесы она говорит Эстель и Гарсэну, что она злая, а в какой-то момент объясняет: «Я вот злая: мне необходимо для жизни страдание других. Факел. Факел в сердце. Когда я одна, я угасаю» [Ibid.: 26]. В отличие от Гарсэна, действия Инэс на земле соответствуют ее так называемой сущности. Ее проблема, однако, заключается во времени: она такая, какой всегда была и всегда будет. Как Сартр пишет в работе «Бытие и ничто»: «Человек, который сознается в том, что он является злобным, обменял свою беспокоящую "свободу-к-злу" на неодушевленное свойство зла: он является злым, он присоединяется к себе, он есть то, чем он является» [Сартр 2000: 29][10]. Она цепляется за суждение, которое другие сделали о ней, а не судит о себе по собственным действиям. Приверженность роли злой женщины не позволяет ей видеть в Гарсэне ничего, кроме труса[11].

Несмотря на то что его персонажи мертвы, Сартр по-прежнему дает им возможность измениться. Ближе к концу пьесы дверь в их комнату открывается. Любой из них или они все вольны покинуть комнату, вольны пересмотреть свое становление, вольны отвергнуть самообман, в котором они утопают. Но все они остаются. Инэс осознает, смеясь: «Путь свободен, что же нас держит? Помрешь со смеху! Мы неразлучны» [Sartre 1989b: 42]. Хотя Эстель и Гарсэн резко с ней не согласны, в конце концов они тоже решают остаться, и, как диктуют сценические указания, «Гарсэн закрывает дверь» [Ibid.]. Ситуация непреднамеренного самообмана, которую они создали, зависит от их единства. В ужасе от перспективы столкнуться с неопределенностью коридора в одиночестве, каждый решает остаться в статичном мире, обрекая себя и других на жизнь, в которой ничего не изменится.

---

[10] Сартр определяет это как «искренность», которая действует так же, как самообман — как бегство, способ увидеть себя как объект, чтобы «поставить себя вне досягаемости».

[11] Ее самообман — это ее попытка синтезировать временные экстазы: точнее, она — та, «которая намеренно останавливается в одном периоде [своей] жизни и отказывается принять во внимание последующие изменения» [Sartre 1992: 165; Сартр 2000].

Как и в случае с более ранними пьесами, Сартр написал «За закрытыми дверями», чтобы заставить граждан оккупированной Франции задуматься. Будь то члены Сопротивления, или коллаборационисты, или, как большинство, простые люди, ставшие свидетелями ситуации, на которую, по их мнению, они никак не могли повлиять, жители Франции имели склонность к действиям, обусловленным самообманом. Свое послание Сартр адресовал в первую очередь простым гражданам, желающим снять с себя ответственность за продолжающуюся оккупацию: они не могут беспокоиться о том, что другие думают о них. Если они позволяют определять себя взглядами других, они отвергают собственную свободу. Каждый человек должен каждый день заново решать, что делать со своей свободой, и можно совершать справедливые, ответственные поступки, даже если раньше ты был преступником. Пьеса «За закрытыми дверями» была довольно популярна во Франции во время оккупации и остается популярной и сегодня. Искушение судить о себе, основываясь на суждениях других, как говорил Сартр, возникает у всех нас. Эта пьеса в большей степени, чем все другие его пьесы, применима к любой эпохе и стране. Это самое универсальное произведение Сартра.

Политическая ситуация периода холодной войны

После Второй мировой войны Сартр продолжал писать драмы ситуаций. В рамках традиции своих более ранних работ он стремился выявить другие способы, которыми люди отрицают собственную свободу. В пьесе «Грязными руками» Сартр убрал все аллегории и символы, представив зрителям сюжет, взятый из реалий современной политики. Созданная в первые дни холодной войны, эта пьеса рассказывает о событиях Второй мировой войны и о странном союзе, который представлял собой Народный фронт — объединенные силы советских и западных коммунистов, либералов и социал-демократов против фашизма.

В центре пьесы Уго, молодой член коммунистической партии, стремящийся сделать себе имя. Драматическое действие представляет собой серию воспоминаний. Действие начинается в настоящем, мы узнаем, что Уго убил лидера коммунистической партии Хёдерера и этот поступок стал определяющим моментом в жизни Уго. Коммунистическое партийное руководство считало, что Хёдерер представляет для них угрозу, так как он выступал за сотрудничество с другими группами против фашизма вопреки мнению партии. Со временем партия изменила позицию по этому вопросу, и отношение к убийству Хёдерера и к самому Уго в одночасье изменилось с положительного на отрицательное. В начальной сцене мы видим Уго, только что вышедшего из тюрьмы. Он ждет, что член партии придет за ним и убьет его за предательство.

В центре внимания самих героев пьесы находится не убийство Хёдерера Уго, а мотивы этого поступка. На протяжении всей пьесы Уго разбирается в своих чувствах и воспоминаниях, чтобы объяснить посланнику партии, почему он сделал то, что сделал. Его отчаянный поиск истинного намерения затуманивает реальную проблему — сам поступок. Спектакль переносится в прошлое, где мы видим, как Уго и его жена появляются в доме Хёдерера с намерением убить его. По ходу пьесы возникает множество разных мотивов убийства: Уго приказывают это сделать; ему не нравится Хёдерер; Уго боится, что Хёдерер убедит его, что идеи партии неверны; Уго больше всего на свете хочет быть героем; Уго застает свою жену в объятиях Хёдерера. В конце пьесы ни Уго, ни зрители ничуть не приближаются к пониманию реальных мотивов убийства Хёдерера.

Когда мы возвращаемся в настоящее и видим, как Уго открывает дверь, позволяя однопартийцам убить себя, мы снова в замешательстве относительно его мотивов: почему он не борется за свою жизнь? Снова возникает несколько возможных объяснений его поведения, и «истинная» причина никогда не раскрывается. Здесь Сартр показывает, что «истинную» мотивацию определить невозможно, ибо «она рождается одновременно с самим действием» [Scanlan 1976: 74]. Намерения — это человеческий конструкт, существующий для того, чтобы люди могли оградить себя от ответственности. Как инструменты «непреднамеренного самообмана», намерения служат для того, чтобы запутать отношения между бытием и действием. В действительности же действие не может быть основано на мотивации, так как действие определяет бытие, которое является источником мотивации. Следовательно, беспокоиться о мотивации — значит игнорировать реальность, которую создает каждый отдельный актор. По правде говоря, «найти настоящий мотив — значит изобрести его» [Champigny 1982: 210]. Как показывает Сартр, сосредоточенность на мотивации отвлекает от реальности и от ответственности. Важно то, как человек действует в мире, а не то, почему человек это делает.

Суждение о поступке должно основываться не на его мотивах, а его последствиях. И поскольку мы никогда не можем быть уверены в последствиях, мы никогда не сможем узнать, какое решение вынесет история — оно меняется изо дня в день. Никогда нельзя знать наверняка, совершил ли человек «правильный поступок». Эта неопределенность является частью ответственности, которую человек несет за свои действия; это одно из условий свободы. В конце концов Уго понимает это и может умереть, потому что намерения, стоящие за его действиями, несущественны, и поскольку он не может контролировать последствия, единственное суждение, которое имеет значение в отношении его решения умереть, принадлежит ему самому. Он умирает, принимая свою свободу.

Из-за политики холодной войны пьеса «Грязными руками» была чрезвычайно популярна. В Париже состоялось 625 спектаклей и еще 300 в других частях Франции [Sartre 1976: 210]. Популярность пьесы была прямым следствием того, что коммунисты презирали ее, что позволило буржуазии превратить ее в оружие холодной войны. Коммунисты восприняли пьесу как обличение сталинской тенденции постоянно пересматривать историю в угоду политической конъюнктуре. Хотя пьеса содержала критику, она представляла собой нечто большее, чем просто актуальный комментарий к событиям современной политики.

Распространенная (неверная) интерпретация пьесы «Грязными руками» как критики сталинизма была связана с неоднозначным отношением Сартра к коммунизму. Положение интеллектуальных французских марксистов в первые годы холодной войны было непростым. Сартр и его соратники стремились создать «третий путь» между капиталистами и Французской коммунистической партией, ФКП (PCF), организованной по сталинскому принципу, согласно которому роль авангарда состоит в обосновании решений, принимаемых руководством рабочего класса[12]. Между 1947 и 1948 годами в противовес антиинтеллектуальной ФКП Сартр и другие основали собственную партию — Демократическое Революционное объединение, ДРО (Rassemblement Démocratique Révolutionnaire, RDR). Задуманное как гуманистическая партия, которая объединила бы рабочих с интеллектуальным авангардом с помощью концепций социализма, который дает привилегии личности, — ДРО продемонстрировало оторванность от реальной политики. Хотя Сартр и его друзья были блестящими философами, они оказались ужасными партийными организаторами; их попытка создать сообщество посредством одних только идей была не просто идеалистической, но, как выразился Рональд Аронсон, чрезвычайно наивной [Aronson 1980]. Партия распалась в течение года, и Сартр снова оказался перед выбором: сталинизм или капитализм? Ему было очень трудно решить, должен ли он и в какой степени присоединиться к ФКП и Советскому Союзу, стране, которая одновременно являлась единственным действительно существующим примером западного социализма и местом жестоких политических репрессий, которые было трудно игнорировать[13]. Поэтому неудивительно, что «Грязными руками» одновременно прославляет ту политическую ответственность, которую отстаивает Сартр (что особенно заметно в персонаже Хёдерера, партийного лидера, которого убивает Уго), и критикует «материалистическую мета-

---

[12] Историю ФКП (PCF) см. [Johnson 1972].

[13] Действительно, Сартр осудил советские лагеря в редакционной статье «Les Tempe Modernes» в 1950 году, заявив, что «не существует социализма, когда каждый первый гражданин из 20 находится в лагере» (цит. по: [Birchall 2004: 110]).

физику» коммунистической партии (которую легко отследить по тому, как обоснованность действий в пьесе меняется в зависимости от политических событий)[14].

Простой мир оккупации, с четким сообществом, явным врагом и сильным движением, которое поддерживало свободу личности, сменили годы холодной войны и неразрешимые дилеммы. Кто составлял сообщество, к которому он обращался? Французы? Французские коммунисты? Все коммунисты? Границы между жестоким врагом и борцами за свободу больше не существовало, так как советское руководство провело чистки среди членов партии и убило миллионы мирных жителей. Пьеса «Грязными руками» посвящена этике сопротивления в условиях, когда официальное движение Сопротивления угнетает собственных членов. В ней истина, ответственность и намерения затуманиваются как объективно, так и субъективно. Самообман становится эпидемией, а единственный герой, не подверженный ей, — Хёдерер — убит. Здесь проявляется тьма, которой нет в драме Сартра времен Сопротивления. Она сохраняется в его более поздних работах и достигает своей кульминации в мучительном существовании Франца в пьесе «Затворники Альтоны». Принятие решений и ответственности за их последствия становится чрезвычайно трудной задачей. Моральная двусмысленность обстановки в период холодной войны настолько сложна, что почти не поддается анализу.

Замешательство Сартра в отношении холодной войны имело плохие последствия для его театра ситуаций. С самого начала основное послание драмы Сартра о том, что настоящую свободу можно обрести только индивидуально, через принятие ответственности, было сложно воспроизвести на сцене. Всегда требовалось искусственно создавать ситуацию, в которой можно было прояснить для зрителя внутренние изменения в восприятии персонажа. Понимание зрителем его философского послания об ответственности было для Сартра так же важно, как создание

---

[14] Эта критика лучше всего сформулирована в эссе Сартра 1946 года «Материализм и революция», переизданном в [Sartre 1970].

убедительной драмы; поэтому изображения акта принятия ответственности было недостаточно. Зрители также должны иметь доступ к внутреннему переживанию персонажа.

Внешнее изображение внутреннего переживания проблематично в театре — среде, в которой повествование зависит от драматических действий. Чтобы выразить пробуждение героев, Сартр заставляет их произносить длинные монологи, в которых они объясняют себя в меру своих возможностей. Но поскольку эти отдельные персонажи только начинают понимать свое положение, Сартр не может заставить их говорить так же аргументированно и выразительно, как мог он сам. Следовательно, монолог, который формирует кульминацию его пьес в большей мере, чем действие, недостаточно передает сложное философское послание Сартра широкой публике.

Ранним пьесам Сартра удалось преодолеть трудности, связанные с акцентированием внимания на внутренних переживаниях персонажей. Там он смог соединить откровение с драматическим действием. Это было возможным потому, что во времена Сопротивления можно было что-то сделать, что-то предпринять, чтобы продемонстрировать свободу и принятие ответственности за нее. Например, гражданин мог присоединиться к Сопротивлению (или сознательно решить не присоединяться к Сопротивлению, принимая последствия этого поступка). Кроме того, ранние пьесы Сартра были сосредоточены на ситуациях, которые Сартр разделял со своей аудиторией. Изображаемые моральные и политические дилеммы — молчать или сопротивляться, скрыть правду от самого себя или посмотреть ей в глаза, взять на себя ответственность за свою свободу или спрятать голову в песок — касались как зрителей, так и самого драматургу.

Однако после войны публичная сфера, созданная политическим кризисом, испарилась, а драматургия и философия Сартра разошлись в разные стороны. Сартр был привержен идеалу, но не какому-либо конкретному политическому движению или действию, поскольку жизнеспособной альтернативы сталинизму или капитализму не существовало. Его философия стала теорией без соответствующей практики. В результате драматургия этого периода его жизни оказалась запутанной и недоступной для понимания.

«Дьявол и Господь Бог», последняя пьеса этого периода, была впервые поставлена в 1951 году и представляет собой долгое исследование природы добра и зла, отношений между Богом и человеком, а также связи между намерением и действием. У пьесы множество проблем: в ней слишком много персонажей и слишком много побочных сюжетных линий, что затрудняет понимание всей истории; кульминация не следует из предшествующих ей событий; и последнее — пьеса слишком длинная. Кроме того, ситуация главного героя и его дилемма, как поступить, слишком отстранены от интересов аудитории Сартра — он изображает собственную ситуацию, и она принадлежит только ему одному.

В центре сюжета — Гейнц, военачальник, намеревающийся творить зло ради зла, который заключает пари со священником, что он может, если пожелает, творить добро. Спустя год попыток стать по-настоящему хорошим человеком он понимает, что все его «благие» намерения на самом деле маскировали его эгоизм и его «добрые» действия имели ужасные последствия. После великого откровения о том, что Бога не существует (и, следовательно, нет ни «добра», ни «зла»), он возвращается к роли военачальника, действуя так же, как и вначале, но осознавая теперь, что только он один является судьей своих действий. Политические события, которые служат фоном экзистенциального опыта Гейнца, чрезвычайно сложны. Это усугубляется еще и тем фактом, что почти ни одно из действий не происходит на сцене; они описываются через диалог, за которым трудно уследить. Вкратце, пока руководство города Вормса пытается избавиться от захватчиков города, крестьяне Вормса поднимают восстание. Одни хотят приветствовать захватчиков, чтобы те убили крестьян, а другие хотят, чтобы крестьяне взяли верх. Два сюжета, касающихся конфликта внутри Вормса и конфликта между Вормсом и его внешним врагом, переплетены, но способами, слишком сложными, чтобы их можно было описать. Есть множество планов, множество лидеров, борющихся за власть, а также вопрос, который пронизывает все другие темы, вопрос о том, кого из них на самом деле поддерживает Бог.

Диалоги пьесы по большей части либо экспозиционные, объясняющие контекст текущего момента, либо философские, касающиеся вопросов добра и зла. Ни тот, ни другой тип диалога не развивает действие пьесы. Вот один из примеров типичного философского разговора: женщина только что спросила священника (Генриха), почему ее ребенок умер, и он отвечает ей, что такова воля Божья. Не полностью удовлетворенная этим ответом, женщина спрашивает второе мнение у Насти — булочника и защитника бедных:

> ЖЕНЩИНА. Булочник! Мой ребенок мертв. Ты знаешь все... Ты должен знать, почему он умер.
> НАСТИ. Да, я знаю.
> ГЕНРИХ. Насти, умоляю тебя, молчи. Горе тем, кто повинен в раздоре.
> НАСТИ. Твой ребенок умер оттого, что богачи нашего города восстали против епископа, своего богатейшего повелителя. Воюют друг с другом богачи, а подыхают бедняки.
> ЖЕНЩИНА. И Господь позволил им вести эту войну?
> НАСТИ. Нет, Господь им запретил.
> ЖЕНЩИНА. А вот он говорит — ничто не свершается без дозволения Господа.
> НАСТИ. Ничто, кроме зла, порожденного людской злобой.
> ГЕНРИХ. Ты лжешь, булочник! Мешаешь истину с ложью, вводишь души в заблуждение.
> НАСТИ. А ты смеешь утверждать, будто Господу угодны эти жертвы, нужны напрасные страдания? Он тут ни при чем, слышишь?
> *Генрих молчит.*
> ЖЕНЩИНА. Значит, мой ребенок умер не по Божьей воле?
> НАСТИ. Разве он позволил бы ему родиться, если бы желал его смерти!
> ЖЕНЩИНА (*с облегчением*). Вот это мне по душе... [Sartre 1960: 12][15].

---

[15] Перевод Г. С. Брейтбурда.

На этом разговор не заканчивается. Насти и Генрих продолжают обсуждать этот вопрос, пока женщина не уходит. (Она встает на сторону Насти.) На протяжении всей пьесы встречается множество подобных разговоров. Как и приведенный пример, другие разговоры обычно не имеют ничего общего с общей сюжетной линией пьесы, и никакие действия не сопровождают диалог. Пьеса представляет собой серию философских дебатов, которые в основном ни к чему не приводят.

Даже великое откровение главного героя разочаровывает. Именно в результате долгого разговора с Генрихом Гейнц понимает, что причина, по которой Бог, по-видимому, допустил так много ужасных вещей, заключается в том, что его вообще нет. Парадигма добра и зла представлена антагонистом пьесы, что не очень удобно для драматургии, поскольку парадигму невозможно изобразить на сцене. Через монолог Гейнц побеждает парадигму, разрешая дилемму о том, как поступить. Необъяснимым образом Генрих решает, что он должен убить Гейнца, чтоб не позволить ему начать жизнь заново. Борясь за свою жизнь, Гейнц убивает Генриха — этот момент действия не имел ни предпосылок, ни обоснования после — и уходит, чтобы присоединиться к крестьянской армии. Логика его действий заключается в том, что, поскольку он должен «начать сначала», он должен начать жизнь с преступления. «Люди нынче рождаются преступниками. Я должен взять на себя часть их преступлений, если хочу завоевать хоть часть их любви и добродетели» [Sartre 1960: 145]. В конце концов он соглашается стать их лидером, потому что, по его словам, «нет средства избежать людей» [Ibid.: 149]. Пьеса заканчивается принятием решения возглавить армию, а не *действием*, заключающимся в руководстве армией, что несколько разочаровывает. Кроме того, его решение присоединиться к армии и возглавить ее не обязательно следует из его откровения. Последнее не исключает, но и не требует именно этого. Его заявление о том, что он должен начать жизнь с преступления, не получает логического объяснения, и пьеса завершается на странной ноте: Гейнц заявляет, что он будет великим «палачом и мясником» [Ibid.]. Почему насилие является единственным выходом, доступным ему? Сартр не поясняет. На самом деле, в пьесе «Дьявол и Господь Бог» не просто разделены замысел и действия, но и критические концепции в основе трансформации главного героя неясны и не следуют из предшествующих им.

Неоднозначный характер решений Гейнца отражал собственное замешательство Сартра относительно дилеммы, с которой он столкнулся в жизни[16]. В 1952 году, вскоре после того, как пьеса была написана, Сартр узнал о подавлении французским правительством демонстрации ФКП против Корейской войны. Это событие привело к прозрению: он принял сторону коммунистической партии, чтобы противостоять капитализму. С этого момента и до советского вторжения в Венгрию в 1956 году Сартр был ярым сторонником всего коммунистического, публикуя блестящие эссе о жизни в СССР и в постреволюционном Китае. Воодушевленный смертью Сталина и выступлением Хрущева на XX съезде партии, Сартр возлагал большие надежды на будущее коммунизма как в СССР, так и во Франции. Пьесы этого периода, «Кин» и «Некрасов», беззаботны и жизнерадостны, с понятным сюжетом, персонажами, сделавшими понятный выбор, и действиями, которые показывали на сцене[17]. Именно в этот период — когда Сартр совершил кардинальный поворот по сравнению со своей прежней позицией в отношении ФКП и СССР — он порвал со своим давним другом Камю из-за решения последнего сохранять нейтралитет в политике.

В 1956 году Сартра ждало новое прозрение, которое послужило толчком к радикальному отказу от недавно занятой им позиции. Вторжение в Венгрию постсталинских советских войск послужило для Сартра сигналом о том, что, несмотря на риторику открытости, СССР оставался авторитарным государством.

---

[16] Следующее обсуждение политических сдвигов Сартра во многом взято из книги [Aronson 1980].

[17] Действительно, внутренняя жизнь героев этих пьес кажется слишком простой, а конфликты, с которыми они сталкиваются, возникают во внешнем мире, а не внутри их самих. Это выглядело так, как если бы Сартр в этот период принял сознательное решение отложить в сторону все философские дилеммы и заменить теорию практикой.

Для Сартра не могло быть никакой веской причины, никакого оправдания, которое могло бы обосновать столь жесткую реакцию на события в Венгрии. Он полностью порвал, на этот раз навсегда, с ФКП и посвятил себя философскому проекту слияния марксизма с экзистенциализмом[18].

Политические ограничения театра Сартра

Пьесы Сартра построены вокруг критического действия, которое герой должен решиться совершать или не совершать. Независимо от того, какой выбор делает герой или каковы его последствия в результате, он создает собственную свободу и бытие, участвуя в акте принятия решения. Как отметил один ученый: «Поскольку для Сартра человек — это то, что он делает, суть типичного сартровского сюжета касается человека, находящегося в экстремальной ситуации, вынужденного выбрать действие, которое ставит под угрозу все его существование» [McCall 1971: 5]. Однако в его самых политических пьесах «Бариона», «Мухи», «За закрытыми дверями» и «Грязными руками» явно отсутствует такое понятие, как «мы». Каждая пьеса фокусируется на ситуации и решении одного персонажа (всегда мужского пола) и заканчивается монологом, в котором главный герой объясняет последствия своего решения для аудитории. Что должны делать эти главные герои, как только занавес закрывается? Орест изгнан из своего отечества, Уго убит, и хотя Бариона решает уйти с толпой, он делает это, сохраняя критическую психологическую и эмоциональную дистанцию от них. Последствия для политики в такой ситуации окажутся негативными.

Отсутствие общности в драмах Сартра — симптом его неспособности концептуализировать множественный субъект — «мы» — в своей философии. Согласно онтологии Сартра в труде «Бытие и Ничто», бытие-для-другого всегда находится в опасности, когда на него смотрит другой, и «эта опасность не случайна,

---

[18] См. [Aronson 1980].

она — постоянная структура моего бытия-для-другого» [Sartre 1992: 358]. С онтологической точки зрения, если «конфликт есть первоначальный смысл бытия-для-другого» [Ibid.: 475], то не может быть такого понятия, как «мы-субъект». Восприятие себя как части более крупного субъекта может произойти в психологической сфере, но не на уровне бытия. Лучшее, что можно сказать, это то, что «мы есть определенный особый опыт, который создается в кажущихся правдоподобными случаях на основе бытия-для-другого вообще. Бытие-для-другого предшествует и основывает бытие-с-другим» [Ibid.: 536–537] (курсив оригинала). Тем не менее, хотя возможность «мы-субъект» исключена, «мы-объект» возможен [Ibid.: 537–547]. Другими словами, два или более субъекта могут ощущать себя объектами в глазах третьего и знать, что в глазах третьего они представляют собой один большой объект.

Ограничивающие аспекты онтологии Сартра имеют огромное значение для любого политического проекта. Представление о том, что все люди могут рассматриваться как составляющие единого сообщества, не является устойчивым. Как пишет Сартр:

> Таким образом, «мы» гуманиста, как мы-объект, предлагается каждому индивидуальному сознанию как идеал, которого нельзя достигнуть, хотя каждый сохраняет иллюзию, что сумеет его достигнуть, прогрессивно расширяя круг общностей, к которым он принадлежит; это «мы» гуманиста остается пустым понятием, чистым указанием на возможное расширение обычного употребления формы «мы». Каждый раз, когда мы используем «мы» в этом смысле (для обозначения страдающего человечества, грешного человечества, для определения объективного смысла истории, рассматривая человека как объект, который развивает свои возможности), мы ограничиваемся указанием на определенное конкретное ощущение, переживаемое *в присутствии* абсолютного Третьего, то есть Бога. Следовательно, предельное понятие человечества (как целостность мы-объекта) и предельное понятие Бога предполагают друг друга и оказываются коррелятами [Ibid.: 547] (курсив оригинала).

Поскольку не существует абсолютного императива (то есть ничего, что мы должны делать), не может быть абсолютного внешнего взгляда, а значит, и никакого «мы» (или «Нас»). Из этого, кажется, следует, что те, кто использует понятие «мы» в политической риторике — и особенно те, кто верит в эту риторику, — ставят под угрозу независимость личности. Нет никакого способа, которым можно было бы смягчить удар. Любая политика опасна. Все попытки гуманизма основаны на фундаментальном непонимании основ нашего существования, и им не следует доверять.

Очевидно, что эти политические ограничения ранней онтологии Сартра вступают в прямое противоречие с «вовлечением», которое он пропагандировал во время и после войны. Если задуматься, то неизбежно возникает вопрос: как так получилось, что он смог продолжить работу над книгой «Бытие и ничто» одновременно с постановкой пьесы «Бариона», но при этом его значительное политическое пробуждение никак не отразилось на его философском тексте.

«Критика диалектического разума» Сартра, его грандиозная попытка соединить экзистенциализм с марксизмом, оказалась неудачной и не смогла разрешить противоречие между его политической практикой и философией. Он утверждает, что основой любого коллективизма является серийность (то есть множественность индивидов), а не общность. Изолированное «Я» из его ранних работ, которое может объединяться с другими только в психологическом плане и никогда в онтологическом, теперь является изолированным индивидом, который работает бок о бок, но никогда не в коллективе с другими. Как пишет Рональд Аронсон, «общество — особенно отчужденная и противоречивая общественная жизнь классовых обществ — это недостающий элемент социальной мысли Сартра и основная проблема "Критики диалектического разума"» [Aronson 1980: 263]. Сартр пытается обсудить индивида реально существующего, однако его основные предположения на самом деле приводят к описанию только изолированных людей, населяющих одно и то же физическое пространство, но не одно и то же онтологическое или даже психологическое пространство.

Понимание Сартром личности как перманентно изолированной отражено в его выборе терминов. Его любимый термин «ответственность» отличается от понятий, используемых другими философами. Аронсон утверждает, что «мы должны противопоставить это чувство ответственности идее *солидарности*, одному из ключевых терминов, отсутствующих в Я-концепции (концепции самости) Сартра. Солидарность — взаимодействие с угнетенными, а не от их имени; она влечет за собой чувство сопричастности их борьбе и упраздняет дистанцию, где «ответственность» укрепляет ее. Солидарность предполагает признание того, что человек уже тесно связан с другими, но Сартр или никогда этого не признавал, или никогда не был связан с другими» [Ibid.: 292]. Чувство отстраненности Сартра, пронизывающее «Бытие и ничто» и его ранние пьесы, с течением времени стало более выраженным. Без общего опыта оккупации, который связал бы его с соотечественниками-французами, и без здорового западного марксизма в качестве альтернативы сталинизму, Сартр был одинок и писал об абстракциях, политико-философских единствах, которые он не мог реализовать ни в теории, ни на практике.

Заключение

Значение Сартра как философа невозможно переоценить. Как сказал Дуглас Келлнер: «Участие Сартра в деле человеческой свободы — величайшее интеллектуальное приключение века» [Kellner 1974: 201]. В исторический момент, когда многочисленные тоталитарные режимы стремились к абсолютному господству, Сартр разработал философию, которая ставила личность и ее свободу превыше всего. Противостоя ужасам сталинизма, конформизму и отчуждению западного капитализма, Сартр пытался создать гуманистическую альтернативу. В мире, где люди делали все возможное, чтобы скрыться от собственной свободы, Сартр призывал их взять на себя ответственность за свои действия.

Ранние пьесы Сартра были напоминанием гражданам Франции о том, что у них есть выбор и действия их имеют значение. Его голос был важен в секретном разговоре о том, как сопротивляться и почему. Его театр является ярким примером способности драмы говорить подтекстами, общаться с аудиторией так, чтобы угнетатели ничего не могли понять. Его театр ситуаций затрагивал проблемы, с которыми сталкивались все те, кто жил в Европе XX века, принимая во внимание субъективный опыт, чувство вины и изоляцию человека.

Однако озабоченность Сартра индивидуальной ответственностью и индивидуальной свободой лучше всего понимать в терминах Арендт, то есть как дополитическую. Это верно, что каждый человек в политической сфере должен быть готов взять на себя ответственность за свои действия, но для существования политики требуется нечто большее, чем «аутентичность»: необходимо сообщество, группа людей, которые собираются вместе, чтобы участвовать в диалоге и совместно добиваться общих целей. Хотя Сартр обращался к согражданам, он говорил с ними как с отдельными людьми, а не как с группой. Если бы ему удалось сделать это, его драма могла бы сохранить свою актуальность и после войны. Как бы то ни было, он является одним из важнейших политических драматургов военных лет, который не только понимал все ужасы тоталитаризма, но и призывал к сопротивлению.

Глава 5
Эжен Ионеско:
театр абсурда

Эжен Ионеско родился в Румынии в 1909 году в семье француженки и румына, переехавших во Францию еще до того, как Эжену исполнился один год. В 1916 году его отец вернулся в Румынию, после чего потерял связь с семьей, и та долгое время считала, что он погиб во время войны. В действительности же он снова женился и начал новую жизнь. Когда Эжену было 13 лет, его отец потребовал, чтобы Эжена и его сестру отправили в Румынию жить с ним и его новой женой. Эжен прожил в Румынии следующие 16 лет и вернулся во Францию в 1938 году. С началом Второй мировой войны он перебрался обратно в Румынию, но не смог покинуть ее во время войны, так как у него не было соответствующих документов. Наконец в 1942 году он смог вернуться во Францию, в которой жил до самой своей смерти в 1994 году[1]. Обстоятельства юности — появление вновь в его жизни отца, словно воскресшего из мертвых, трудности с мачехой и испытания, через которые он прошел, чтобы покинуть Румынию в 1940-е годы, — преследовали его на протяжении всей жизни и определили его представления о себе в мире. Всегда

---

[1] Источниками биографических данных Ионеско были в первую очередь [Gaensbauer 1996; Эсслин 2010]; а также собственные труды Ионеско [Ionesco 1987, 1998]. Некоторые источники, например «Театр абсурда» Эсслина, называют 1912-й годом рождения Ионеско. Судя по всему, Ионеско в некоторых случаях врал о дате рождения, чтобы казаться моложе.

оставаясь аутсайдером, Ионеско чувствовал себя не принятым французской культурной элитой и не ощущал себя полностью «своим» в своем окружении.

Ионеско начал карьеру драматурга с пьесы «Лысая певица», премьера которой состоялась в Париже в 1950 году. Вместе с Артюром Адамовым, Жаном Жене, Гарольдом Пинтером и Сэмюэлем Беккетом, Ионеско был пионером нового театрального движения. Так называемый «театр абсурда», посвященный исключительно субъективному опыту жизни в мире абсурда и случайностей, казалось, принял экзистенциалистское наследие Сартра. Однако крупнейшие драматурги этой группы развивали явно антиполитическое направление экзистенциализма, отказавшись от дидактизма и рациональной коммуникации в пользу драматических образов, которые возникают из подсознания и мифа, способствуя деконструкции, а не реконструкции социальной жизни.

Карьера Ионеско представляет собой интересный контраст с карьерой Сартра. В то время как последний олицетворял увлеченного интеллектуала, для которого литература была средством политического освобождения, первый открыто отвергал эту позицию, рассматривая ее как источник высокомерия и оскорбление достоинства искусства. Пьесы Ионеско изображают мир без политической надежды, и его недраматические произведения — эссе, дневник и ответы критикам — последовательно отвергают политические критерии, по которым многие стремились судить его.

Ужасы войны, террор, насаждаемый тоталитарными режимами, уничтожение открытой публичной сферы, уничтожение языка с помощью демагогии, рост и расцвет культурной индустрии и ее поглощение борющимися идеологиями — для таких писателей, как Ионеско, эти события сигнализировали об абсурдности любой концепции «аутентичности» или «освобождения». При таком мировоззрении политика вызывает страх и недоверие, а художественное творчество является средством самовыражения и неразборчивого социального комментария. Театр абсурда пробивается сквозь слои притворства всех социальных ценностей и стремлений. Приняв позу иронической отстраненности, он демонстрирует «постидеологическую» и крайне антиполитическую чувствительность.

В этой главе мы анализируем театр Ионеско и его антиполитическую направленность, сосредоточив внимание на трех самых известных пьесах Ионеско: «Лысая певица», «Стулья» и «Носорог». Несмотря на некоторые интересные различия между этими пьесами, работы Ионеско являются неизменно «абсурдными» и ставят под сомнение значимость политической активности. В первой части главы мы представим обзор театра абсурда, во многом основанный на знаменитой книге Мартина Эсслина, написанной в 1961 году, в которой впервые было использовано понятие «театр абсурда», а пьесы «Лысая певица» и «Стулья» были рассмотрены как образцовые абсурдистские пьесы с характерными признаками социального цинизма и антиполитичности. Затем мы обратимся к знаменитому спору между Ионеско и критиком Кеннетом Тайненом на страницах лондонской газеты «Гардиан» («The Guardian»), в центре которого находилось обсуждение «правильных» отношений между политикой и театром. Критика Ионеско со стороны Тайнена определила условия для всей последующей критики драматурга. Она также ранила Ионеско до глубины души, вызвав резкий ответ. И хотя Ионеско предлагает красноречивые критические замечания в адрес того, что можно назвать «левой политкорректностью», полемика также обнаруживает несостоятельность его понимания политики. Наконец, мы расскажем, пожалуй, о самом известном произведении Ионеско, о пьесе «Носорог». Написанная после лондонского спора, пьеса представляет собой явную аллегорию на подъем фашизма. Но и здесь абсурдизм Ионеско демонстрирует цинизм в отношении политики, который определяет ограничения абсурдистской драмы. В отличие от Шоу, Брехта и Сартра, Ионеско отверг представления о политике как сфере возможностей, сотрудничества и сообщества. На протяжении почти всей своей профессиональной деятельности он считал тех, кто утверждает, что политика может существовать как царство свободы, либо сумасшедшими, либо обманщиками. Однако в 1980 году, прямо перед премьерой своей последней пьесы, он выступил с речью, отражающей переоценку его взглядов. Наконец он смог понять потенциальные возможности человеческого сообщества и создать в нем место для себя и своего наследия. Его пример одновременно демонстрирует ограничения политического театра в мире, где «политика» является синонимом господства, и силу выражения общего чувства изоляции и отчаяния. В итоге именно своей позицией — широко распространенное в то время неприятие политической жизни — Ионеско внес вклад в политический театр.

Антитеатр и театр абсурда Ионеско

Ионеско был продуктом уникального культурного взаимодействия румынской и французской интеллектуальной элиты в период мира между двумя войнами. Эти два пересекающихся интеллектуальных течения, которые сформировали мышление Ионеско, объединяли глубокая и, возможно, чрезмерно развитая эстетическая чувствительность и отвращение к основным тенденциям современной социальной жизни.

Первым из них было так называемое румынское «Молодое поколение» 1927 года, самыми известными участниками которого, наряду с самим Ионеско, были философы Эмиль Чоран и Мирча Элиаде. Матей Кэлинеску охарактеризовал эту группу так: «их объединяла "общая лихорадочность"... нетерпение к ("буржуазным") ценностям старого поколения... глубокое презрение к политике и коррумпированному политическому истеблишменту... [и] чувство духовного поиска» [Călinescu 1995: 408][2]. Увлеченные модернистскими формами выражения, авангардным искусством и литературой, большинство представителей интеллектуального круга Ионеско, включая его самых знаменитых друзей Элиаде и Чорана, настолько отдалилось от современного румынского общества, что в 1930-е годы многие из них

---

[2] См. также его [Călinescu 2002].

стали сторонниками фашистской «Железной гвардии». Ионеско был одним из немногих, кто смог удержаться от перехода на сторону фашизма. Одной из причин его окончательной иммиграции и решения остаться во Франции было его отвращение к растущему парохиализму, антисемитизму и фашизму в Бухаресте середины 1930-х годов. В то же время он сохранил связи со многими бывшими единомышленниками и даже возобновил дружбу с Элиаде и Чораном после Второй мировой войны. Если оставить в стороне политические разногласия, этих интеллектуалов объединяло общее ощущение бессмысленности современной социальной жизни[3].

Иммигрировав в Париж в 1938 году, Ионеско погрузился в другой круг интеллектуалов-авангардистов, тесно связанный с Андре Бретоном, ставшим его близким другом, а также с движениями сюрреалистов и дадаистов. Позже в одном из интервью он так прокомментировал свои пьесы и работы других «абсурдистов»: «Никто из нас не писал бы так, как мы пишем сейчас, без сюрреализма и дадаизма. Освободив язык, эти движения проложили нам путь» [Ionesco 1984: 6]. Особенно важным было участие Ионеско в так называемом «Коллеже патафизики» («Collège de 'Pataphysique»), основанном писателем-авангардистом Раймоном Кено. Описание этой группы, предложенное Ионеско, стоит процитировать подробно, поскольку оно дает ясное понимание одного из важнейших источников его собственной литературной чувствительности:

> Коллеж был проектом, посвященным нигилизму и иронии, что, на мой взгляд, соответствовало дзену. Его главным занятием было разработать комиссии, задачей которых было создание подкомиссий, которые в свою очередь ничего не делали. Была одна комиссия, которая готовила диссертацию по истории уборных от начала цивилизации до нашего времени. Членами группы были ученики доктора

---

[3] Об отказе Ионеско от фашизма, его эмиграции и его прочных связях с румынскими соотечественниками см., в дополнение к двум статьям Кэлинеску, цитированным выше, следующее: [Bejan 2006; Quinney 2007].

Фаустролля, вымышленного персонажа и пророка Альфреда Жарри. Итак, целью коллежа было разрушение культуры, даже сюрреализма, который они считали слишком организованным. Но не заблуждайтесь: эти люди были высокообразованными выпускниками Высшей нормальной школы. Их метод был основан на каламбурах и розыгрышах — *le canular*. В англосаксонской литературе существует замечательная традиция каламбуров — Шекспир, «Алиса в Стране чудес», — но такой культуры нет во Франции. Поэтому они утвердили ее сами [Ibid.: 8–10].

Именно «написав пьесы "Лысая певица" и "Урок", в которых высмеивалось все», Ионеско закрепил за собой высокий статус «сатрапа» внутри этой группы [Ibid.: 11].

Таким образом, Ионеско развивался в рамках двух важных течений авангардных философских размышлений и художественных экспериментов. И его абсурдистская драма стала выражением широко распространенного чувства сюрреалистичности бытия, разделяемого рядом важных континентальных писателей. Классическая книга Мартина Эсслина 1961 года «Театр абсурда» четко характеризует это чувство и новую форму театра, которое оно породило. Как указывает Эсслин, этот жанр театра был не столько результатом сознательного движения, сколько проявлением конвергенции поразительно схожих стилей. Драматурги, о которых идет речь, — Ионеско, Беккет, Адамов и Жене — не считали себя частью общего проекта, и каждый отдавал предпочтение индивидуализму и своему уникальному взгляду на мир и театр. Париж стал центром экспериментов. Его культурная жизнь, особенно гостеприимность к таким авторам-иммигрантам, как Адамов, Беккет и Ионеско, предоставляла полную творческую свободу. Несмотря на индивидуальный опыт изоляции и маргинальности, который разделял этих писателей, пьесы этих «абсурдистов» были поразительно похожи друг на друга. И если в них подчеркивалось ощущение случайности вещей, четко сформулированное экзистенциалистами, это было сделано совсем иначе, чем в экзистенциализме с его гуманистической надеждой.

В основе их общности лежала озабоченность абсурдом, концепцией, ранее определенной Альбером Камю и проанализированной философами-экзистенциалистами. По мнению Камю, «чувство абсурдности и есть этот разлад между человеком и его жизнью, актером и декорациями»[4]. Положение изгнанника, застрявшего между родиной, куда он не может вернуться, и обещанием нового дома, который не будет найден — это абсурд. А для абсурдистов этот опыт — который многие из них, особенно Ионеско, Адамов и Беккет, пережили сами, — был важнейшим и неизменным человеческим опытом. Как писал Ионеско, вторя Камю: «Абсурд — это нечто, лишенное цели... Оторванный от своих религиозных, метафизических и трансцендентальных корней человек погиб; все его действия бессмысленны, абсурдны, бесполезны»[5]. Мир без Бога, без корней, без цели существования — это положение современного человека, в котором все дозволено и ничего не запрещено.

Однако если экзистенциалисты стремились создать новый смысл и наложить созданную человеком структуру на хаос существования, то абсурдисты отвергали любые попытки выйти за пределы первоначального положения человека. Как объясняет Эсслин, драматурги-экзистенциалисты (включая Сартра, Камю, Жана Жироду, Жана Ануя и Армана Салакру) отличаются от абсурдистов следующим:

> ...эти драматурги существенно отличаются от драматургов абсурда ощущением иррационализма человеческого удела в очень ясной и логически аргументированной форме. Театр абсурда стремится выразить бессмысленность жизни и невозможность рационального подхода к этому открытым отказом от рациональных схем дискурсивных идей. В то время как Сартр или Камю вкладывают новое содержание в старые формы, театр абсурда делает шаг вперед в стремлении достичь единства основных идей и формы выражения [Эсслин 2010].

---

[4] Альбер Камю, цит. по: [Эсслин 2010].

[5] Эжен Ионеско, цит. по: [Эсслин 2010].

Иными словами, форма абсурдистских пьес есть прямое отражение их содержания: традиционная повествовательная структура отвергается в пользу метафоры и поэтической образности; проработанные персонажи заменены взаимозаменяемыми лицами и грубыми карикатурами; педагогика отвергнута в пользу провокации; разум заменен чувством; и логика повседневной жизни вытесняется альтернативной логикой бессознательного мира снов и его сюрреалистического опыта[6]. Театр абсурда — это протопостмодернистский театр, место, где реальное определяется исключительно субъектом, где правильность любых человеческих поступков постоянно стоит под знаком вопроса, где смысл повсюду оспаривается и где — «тут — это там» — граница, отделяющая реальное от вымышленного, полностью стерта.

Ранние пьесы Ионеско стали воплощением абсурдистского подхода к театру и принесли ему известность и славу в качестве одного из лидеров этого театрального движения. Действие, представленное в каждой из этих ранних пьес, происходит в социальной пустоте. Эта пустота определенного типа, в ней смерть имманентна, общение (почти) невозможно, язык — это ловушка, достигнуть прогресса невозможно, а люди отчуждены, не только друг от друга, но и от самих себя. Абсурдизм этой прототипической социальной ситуации можно изучить на примере двух самых ранних и самых известных пьес Ионеско: «Лысая певица» и «Стулья».

Первая пьеса Ионеско «Лысая певица» была впервые поставлена в Париже в 1950 году. В своих мемуарах Ионеско рассказывает, что начал писать для театра совершенно случайно. Будучи молодым писателем, он поначалу ненавидел театр как художественное средство, находя его фальшивым и вульгарным, поскольку театр не мог выразить основную противоречивость человеческого опыта[7]. По его мнению, реализм в обеих формах, буржуазной и социалистической, лишил человека возможности

---

[6] Подробнее об отличиях Ионеско от экзистенциальных драматургов см. [Grossvogel 1982; Dobrez 1986].

[7] См. обсуждение театра Ионеско в [Ionesco 1964].

удивляться. Брехтовская драма была даже более удушающей, поскольку, по его мнению, она лишала свободы воли даже актеров на сцене: «Подавить инициативу актера, убить актера — значит убить и жизнь, и драму» [Ionesco 1964: 19]. Он написал пьесу «Лысая певица» в 1948 году как пародию на театр, «с намерением высмеять его» [Ibid.: 25]. Продюсер, ознакомившись с текстом, решил поставить пьесу, и, к большому удивлению Ионеско, она стала популярной [Ionesco 1964: 183–185]. Его комическая «анти-пьеса»[8] рассказывает о двух буржуазных парах, которые обща-ются с помощью клише, постепенно переходящих в бессмыслицу. По собственному признанию, Ионеско черпал вдохновение из учебников, которые он использовал в то время для изучения английского языка. Он решил запомнить приведенные там предложения, и был поражен их глупостью. Вместо полезных фраз на английском он нашел списки самоочевидных истин, например, «в неделе семь дней» и «пол внизу, [в то время как] потолок наверху». Этот английский букварь стал еще смешнее, когда фразы звучали в диалоге между двумя английскими парами, которые рассказали друг другу очевидные факты из своей жизни [Ionesco 1964: 175–180]. Ионеско начинает пьесу в манере этих диалогов, а затем позволяет абсурдной логике ситуации — миру, в котором язык используется для сообщения уже известных ве-щей, — развернуться до конца. Как только все легко узнаваемое сообщено, языку нечего делать, он вырождается в противоречия и бессмыслицу.

На первый взгляд пьеса комична лишь по той причине, что заставляет английский букварь Ионеско звучать смешно — серь-езность говорящих и бессмысленность речи создает забавный контраст. Название пьесы взято из одного такого диалога: капи-тан пожарной команды спрашивает о лысой певице, у которой, по словам миссис Смит, «все та же прическа» [Ионеско 1990].

---

8   В «Notes and Counter Notes» Ионеско поясняет: «Я называл свои комедии
    "антипьесами" или "комическими драмами", а свои драмы — "псевдодрама-
    ми" или "трагическими фарсами", поскольку мне кажется, что комическое
    трагично, а трагедия человека — чистая насмешка» [Ionesco 1964: 27].

Какой бы забавной ни была пьеса, в ней присутствует более глубокий смысл и мрачный юмор. Абсурдность диалога отражает неестественность коммуникации в мире социальных клише и идеологий, в то время как бесстрастность говорящих отражает самодовольный, рассеянный характер буржуазии, которой комфортно в мире, из которого она в то же время не может выбраться.

Обстановка в пьесе «Лысая певица» сама по себе является пародией на жизнь буржуазии[9]. Ремарки Ионеско, предваряющие сцену, гласят следующее:

> Буржуазный английский интерьер с английскими креслами. Английский вечер. Мистер Смит, англичанин, в английском кресле и английских туфлях, курит английскую трубку и читает английскую газету у английского камина. На нем английские очки, у него седые английские усики. Рядом в английском же кресле миссис Смит, англичанка, штопает английские носки. Долгая английская пауза. Английские часы на стене отбивают семнадцать английских ударов [Ионеско 1990].

Здесь Ионеско не только вызывает воспоминания о стереотипном буржуазном доме, но также преувеличивает значение буржуазного чувства национализма, привнося ощущение «англий-

---

[9] Здесь следует отметить, что Ионеско понимал буржуазию как универсальный тип. В то время как для Маркса буржуазия (и ее подгруппа, мелкая буржуазия) — исторически специфический (и переходный) класс, принадлежащий определенному капиталистическому способу производства, встречающемуся только в современную эпоху, для Ионеско это универсальный архетип бездумного и манипулируемого человека, который пронизывает все человеческие общества и определяет человеческое состояние. В 1960 году он объяснял: «Мелкая буржуазия, которую я имел в виду, не была классом, принадлежащим какому-либо конкретному обществу, поскольку мелкая буржуазия была для меня типом существа, живущим во всех обществах, называются ли они революционными или реакционными; для меня мелкий буржуа есть только человек лозунгов, который уже не думает сам, а повторяет истины, навязанные ему другими, готовые и потому безжизненные. Короче говоря, мелкий буржуа — это человек, которым манипулируют» (из Eugène Ionesco, «Remarks on my Theatre and on the Remarks of Others» в [Ionesco 1964: 66]).

скости» даже в тишину. Все в обстановке настолько типично английское, что эта типичность кажется абсурдной.

Вступительный диалог похож на язык, который Ионеско почерпнул из букваря. Миссис Смит произносит длинный монолог, в котором сообщает мужу, кто они, где они, что они недавно поужинали, что их дочери два года и ее зовут Пегги и т. д. Как только мистер Смит начинает участвовать в диалоге, абсурдность возрастает. Они обсуждают семью, каждого члена которой зовут Бобби Уотсон, и ту новость, что один из них умер. Когда миссис Смит спрашивает мужа, как выглядит вдова Уотсон, он дает следующее описание: «Черты у нее правильные, но хорошенькой ее не назовешь. Слишком толстенная и большая. Черты у нее неправильные, но она, можно сказать, очень даже хорошенькая. Только чересчур хрупкая и маленькая» [Там же]. Смиты противоречат друг другу и самим себе на протяжении всего разговора, лишая слова смысла. Разговор продолжается — и становится все более сложным, когда появляются мистер и миссис Мартин и капитан пожарной команды, — но герои не замечают, что он переходит в абсурд. Постепенно диалог обостряется нелепыми заявлениями, принимающими форму аксиом, таких как «Лучше снести яйцо, чем потерять лицо» и «Всякий может сесть на стул, раз у стула никого нет» [Там же]. После двух страниц такого диалога наступает молчание, а следом за ним полное разрушение языка и видимости буржуазной благопристойности. В ремарках отмечено, что «в конце сцены четверо действующих лиц стоят друг к другу вплотную и выкрикивают текст, грозя кулаками, готовые кинуться друг на друга» [Там же]. В заключительной сцене пьесы, которая занимает три страницы текста, герои по очереди выкрикивают бессмысленные реплики до тех пор, пока им, наконец, не удается всем вместе произнести одну фразу:

МИССИС СМИТ. Кришнамурти, кришнамурти, кришна-мурти!
МИССИС МАРТИН. Базар, Бальзак, Базен!
МИСТЕР МАРТИН. Буза, бурда, бравада!
МИССИС МАРТИН. а, е, и, о, у, э, ю, я!

МИССИС СМИТ. б, в, г, д, ж, з, к, л, м, н, п, р, с, т, ф, х, ц, ч, ш, щ!
МИССИС МАРТИН. Пиф, паф, ой-ой-ой!
МИССИС СМИТ (*изображая поезд*). Пуф-паф, пуф-паф, пуф-паф, пуф-паф, пуф-паф!
МИСТЕР СМИТ. Э!
МИССИС МАРТИН. -то!
МИСТЕР МАРТИН. Не!
МИССИС СМИТ. Там!
МИСТЕР СМИТ. Э!
МИССИС МАРТИН. -то!
МИСТЕР СМИТ. Ту!
МИССИС СМИТ. Да!
Вне себя орут друг другу в уши. Свет гаснет. В темноте все быстрее и быстрее слышится.
ВСЕ ВМЕСТЕ. Э-то-не-там-э-то-ту-да-э-то-не-там-э-то-ту-да-э-то-не-там-э-то-ту-да-э-то-не-там-э-то-ту-да-э-то-не-там-э-то-ту-да-э-то-не-там-э-то-ту-да! [Там же][10].

В этот момент наступает тишина, и когда снова загорается свет, герои возвращаются на свои исходные позиции, и диалог начинается с самого начала. Спектакль заканчивается[11].

Пьеса «Лысая певица» создала определенные тропы, которые впоследствии появлялись снова в других ранних работах Ионеско: характерная обстановка, отсутствие традиционной структуры повествования, отсутствие сюжетной линии, персонажи, существующие как архетипы и как взаимозаменяемые объекты, ци-

---

[10] Текст явно отличается от оригинального французского текста, но он столь же причудлив и бессмыслен.

[11] Первоначальная идея финала Ионеско была, по его собственному признанию, слишком сложной, чтобы ее можно было воплотить в жизнь. Полицейские должны были выйти на сцену и открыть огонь по толпе после того, как актеры, подброшенные в зал, начали сеять панику. Его альтернативный финал заключался в том, чтобы выйти на сцену после того, как актеры закончили, и кричать зрителям: «Вы, ублюдки, я сдеру с вас шкуру живьем!» Казалось, это не совсем вписывается в произведение. Возобновление пьесы выглядело лучшим финалом. Позже Ионеско пришла в голову идея, чтобы Мартины и Смиты поменялись ролями в конце пьесы, чтобы еще больше подчеркнуть взаимозаменяемость персонажей. См. его обсуждение финала в «The Birth of The Bald Soprano» в [Ionesco 1964] и примечания к пьесе «Лысая певица».

кличность формы, завершение тем, с чего начали. Бесконечный цикл жизни и смерти, который существует без надежды на прогресс или разрешение, начиная с его самой первой пьесы, является основной темой всей драматургии Ионеско. Пьеса «Лысая певица» обрела успех благодаря своей новизне, оригинальности, творческому потенциалу и острой критике современного общества. Это вызвало отклик у публики, истощенной столетием переселений, войн, оккупаций и реставраций и лишенной чувства политической надежды[12].

«Стулья», еще одна известная ранняя работа Ионеско, вращается вокруг подготовки пожилой четы к встрече, на которой «миссия» Старика будет раскрыта публике оратором. У персонажей нет имен, и в сценарии они названы просто «Старик» и «Старушка». Это отсутствие идентичности присутствует во всех работах Ионеско. Старик, чувствуя, что у него «нет таланта», чтобы самому донести свою мысль, нанимает оратора, чтобы тот говорил от его имени. Пожилая чета приветствует гостей, которые все невидимы, когда они приходят, и появление каждого гостя заставляет их находить и расставлять стулья, чтоб те могли сесть. К концу спектакля сцена загромождена рядами пустых стульев, которые вынуждают стариков ограничивать свои движения из-за нехватки места. Как только прибывает Оратор, пара заявляет, что они завершили свою миссию на земле, и каждый выпрыгивает из окна балкона, обретая в смерти свободу и трансцендентность. Оратору остается передать послание Старика, на которое последний лишь туманно намекнул — единственное, что он сообщил о нем, это то, что: «Я пригласи вас... вам объяснят... индивидуальность, личность — это все та же персона» [Ионеско 1990]. В этот момент мы узнаем, что Оратор глухонемой, и хотя он пытается передать послание посредством пантомимы и письма, в его мычании понятно лишь «У-У-ГУ-НГЫ-МГЫ-НГЫ», а в написанном на доске «ДРР

---

12 Конечно, Ионеско не добился успеха в одночасье. Как сообщает Эсслин, «Лысая певица» и «Стулья» были плохо приняты критиками во время их первых показов. После премьеры «Лысой певицы» публике потребовалось около четырех-шести лет, чтобы почувствовать интерес к видению Ионеско. Обсуждение оригинальных рецензий на его пьесы см. [Lamont 1993, особенно «Conclusion: Ionesco and His Critics»: 245–262].

ЩЩЛЫМ... ПРДРБР» и «КРР ГРР НЫРГ» [Там же]. Видя, что
публика его не понимает, он уходит, и спектакль заканчивается.

Впервые поставленная пьеса «Стулья» была радикальна по
своей художественной форме и воплощала темы, волновавшие
художественное воображение Ионеско. Из содержания разговоров пожилой четы друг с другом создается впечатление, что пожилая пара ждала смерти довольно долгое время, и что сообщение Старика было единственным препятствием — единственным
бременем, — которое мешало им обрести свободу в смерти.
Ионеско подчеркивает важность послания на протяжении всей
пьесы, оттягивая сообщение, он специально томит публику —
аудитория должна испытать как надежду и радость старой четы,
так и смерть этой надежды. Название пьесы указывает на еще
одну визитную карточку Ионеско: пьеса не названа в честь героев, чьи жизни показаны бессмысленными, она названа в честь
мебели, которая загромождает сцену, почти вытеснив оттуда
героев. В мире Ионеско материальные объекты более постоянны
и, возможно, более значимы, чем люди. Конечно, визуально
стулья занимают центральное положение в пьесе.

В драматической вселенной Ионеско человек настолько дегра-
дировал, что его невозможно изменить даже с помощью трагедии.
Со времен Аристотеля в основе традиционной трагедии находился главный герой с трагическим недостатком, мешающим ему
реализовать героический потенциал. Главный герой осознает
свои ошибки, когда уже поздно их исправлять, и затем приносит
великую жертву — часто жертвует жизнью, — чтобы искупить
вину перед обществом. Благодаря жертвенности главный герой
становится трагическим героем: человеком, который действует
благородно перед лицом жестокой судьбы. Наблюдение за взле-
том и падением героя позволяет аудитории испытать лучшие
стороны человеческой натуры и очиститься от горя и печали.
Трагедия возвышает человечество, прославляя его потенциал
и неизменное стремление к безупречности[13].

---

[13] Определяющим текстом о трагедии является «Поэтика» Аристотеля. Мы от-
дали предпочтение изданию «The Poetics of Aristotle, with translation and
commentary» [Halliwell 1987].

Версия трагического у Ионеско далека от видения Аристотеля и Шекспира, которых обычно считают культовыми трагическими драматургами. Названная самим Ионеско «трагическим фарсом», пьеса «Стулья» не представляет человеческое состояние как нечто достойное восхваления. У потенциального героя, Старика, нет ни имени, ни героического характера. (Поскольку мы понятия не имеем, в чем состоит его послание, мы даже не знаем, заслуживает ли оно внимания.) Его трагический недостаток, если бы такой имелся, заключался бы в его неспособности говорить за себя. И все же Ионеско не дает Старику шанса увидеть ошибку его выбора или принести жертву, чтобы угодить обществу. Старик принимает смерть как нечто более стоящее, чем жизнь, и не существует общества, о котором можно говорить с точки зрения зрителей, так как все «гости» невидимы, если они вообще существуют. Разрушительное воздействие пьесы «Стулья» заключается в том, что, насколько нам известно, донесение послания Старика массам ничего бы не изменило и ничего бы не значило. Его жизнь и жизнь его жены были бессмысленны — мы не можем сказать, что их жизни были потрачены впустую, поскольку неясно, может ли чья-то жизнь быть полезной для чего-либо в принципе. Для Ионеско «трагедия» — это уже не утверждение гуманизма в неподвластном человеку мире, а, скорее, смирение с тем, что гуманизм неуместен, а сопротивление бесполезно. Ионеско обозначил свое мнение об этом в интервью «Пэрис ревью» («Paris Review»), отметив, что, хотя классическая трагедия драматизирует случайности человеческого опыта и деятельности на фоне стабильной вселенной, его театр отличается именно тем, что «для наших героев это не так»:

У них нет ни метафизики, ни порядка, ни закона. Они несчастны и не знают почему. Они куклы, марионетки. Короче говоря, они представляют современного человека. Их положение не трагично, поскольку не имеет никакого отношения к высшему замыслу. Напротив, оно нелепо, смешно и унизительно [Ionesco 1984: 13].

К 1956 году стало ясно, что «Лысая певица» и пьесы, последовавшие сразу за ней («Урок», «Стулья» и «Жак, или Подчинение»), нашли глубокий отклик у значительной части театрального сообщества. Как это ни странно, попытки Ионеско донести до аудитории идею невозможности человеческого общения были истолкованы верно. Его разоблачение пустоты буржуазной жизни вызвало одобрение самой буржуазии. Он получил восторженные отзывы от авторитетного коллеги Жана Ануя и критиков[14].

В самом деле, неудивительно, что представление Ионеско о жизни как о «существовании, лишенном смысла» резонировало со взглядами европейской публики после Второй мировой войны — его театр выступал в роли зеркала, в котором публика могла узнать себя и свой мир. Общественность видела, как нацисты и коммунисты искажали язык, чтобы склонить людей на свою сторону. Дегуманизация, ставшая частью повседневной жизни, опустошила людей. В этом мире повседневные заботы мелкой буржуазии казались не только незначительными, но и явно абсурдными. А идея о том, что гуманизм — это ценность, которая может быть возрождена и прославлена, что мертвых можно рассматривать как героев человечества, и что общество — какое общество?!— каким-то образом извлекло пользу из их жертвы, была абсолютно нелепой. В этом мире казалось глупым считать, что язык является частью опыта. Вместо того чтобы служить средством индивидуальной осознанности или интерсубъективной коммуникации, для Ионеско язык в итоге был источником человеческого замешательства и страданий[15].

Спор Ионеско с Тайненом

Хотя его театр задевал публику и критиков за живое, наступил момент, когда по крайней мере критики захотели чего-то большего, чем просто взгляд в бездну человеческого опыта. Через пять

---

[14] Обсуждение того, как были приняты пьесы, см. у [Gaensbauer 1996]. См. также [Tynan 1961], где приведены положительные отзывы на постановку «Лысая певица» в 1956 году и «Новый жилец» (стр. 149–150), постановку «Амедей» 1957 года (стр. 167–169) и постановку «Стулья» 1957 года (с. 177–178).

[15] Обсуждение того, как Ионеско отражает и способствует унынию окружающего его мира, см. в [Grossvogel 1982].

лет после премьеры «Лысой певицы» многие критики начали считать, что, каким бы проницательным ни было разоблачение Ионеско абсурдности современного общества и особенно его тоталитарных изменений, Ионеско застрял в ловушке цинизма и отчаяния.

Как объясняет Розетт Ламонт в книге «Императивы Ионеско», такое изменение отношения во многом было вызвано растущей популярностью Брехта. В 1954 году Брехт и его «Берлинер ансамбль» показали пьесу «Мамаша Кураж» в Париже. Почти неслыханный до этого времени во Франции стиль политического театра Брехта был воспринят как откровение, и французские драматурги оказались вынуждены стать «приверженцами» левых взглядов, которых, по мнению аудитории, придерживался сам Брехт. На практике это означало своего рода самоотверженность, схожую с той, что была у Сартра в ранний период его творчества — период «попутчиков» — до середины 1950-х годов, когда он выступал в качестве апологета Советского Союза и поддерживал ФКП и СССР независимо от политики или ее последствий. Это также означало использование театра для продвижения дела рабочего класса и просвещения общественности в вопросах классовой борьбы. Ламонт приводит слова Ионеско о том, как он пережил это давление, вынуждавшее его соответствовать:

> Догматический критик, опубликовавший длинное эссе о нашем театре, подошел к нам и сказал, что настало время начать восстановление, теперь, когда прошлое успешно уничтожено. Он имел в виду, что, как и предсказывал Маркс, капиталистический буржуазный порядок подошел к концу. Теперь мы, новые драматурги, должны посвятить наши пьесы новому обществу, готовому к «позитивной» линии [Lamont 1993: 255][16].

Ионеско открыто сопротивлялся давлению, дойдя до того, что написал пьесу, в которой высмеял своих критиков. «Экспромт

---

[16] «Мы», очевидно, относится к Ионеско и его другу Адамову, который в итоге тоже поддался давлению.

Альмы», самореферентная пародия в духе Мольера, изображает трех театральных критиков, издевающихся над Ионеско, чтобы заставить его выполнять их указания.

Как указывает Ламонт,

> тот факт, что Брехт должен был выступать антагонистом Ионеско как во Франции, так и в Англии, следует рассматривать как несчастное стечение обстоятельств. Марксистские критики и ученые сыграли отрицательную роль, подчеркивая различия между двумя писателями, когда они могли бы выдвинуть на передний план многие их сходства [Ibid.: 258–259].

Брехт не был догматиком, и целью его эпического театра было не обучение аудитории, что думать, а побуждение их к самостоятельному размышлению. Кроме того, если кто и разобрался в механике эффекта остранения, то это был Ионеско. Оба драматурга высоко ценили освободительную силу комедии, считали тоталитаризм одной из величайших современных угроз человеческому существованию, по-настоящему понимали, какую опасность для свободы творчества представляла борьба Советского Союза против формализма.

Критики были правы в том, что существовала фундаментальная разница между Брехтом и похожими драматургами, с одной стороны, и Ионеско и абсурдистами — с другой. «Политика» — в той мере, в какой она упоминается в пьесах Ионеско, — представляется как бесконечный цикл господства и революции, без каких-либо качественных различий между обществами или режимами правления. Изменению нет места, и нет никаких оснований для надежды. Наиболее ярко контраст между Брехтом и Ионеско продемонстрировал Кеннет Тайнен, влиятельный английский критик, который в значительной степени ответственен за популярность Ионеско в Англии. В 1958 году после просмотра пьес «Стулья» и «Урок» в Лондоне Тайнен резко изменил свое мнение о значимости Ионеско как художника. Его рецензия на пьесы «Ионеско: вершитель судеб?» опубликованная в «Обсервер» («The Observer»), вызвала продолжительную дискуссию с Ионеско, которая в итоге привлекла ряд других комментаторов. Лондонский спор, как позже назвали эту дискуссию, поставил точку в вопросе о том, имели ли пьесы Ионеско какое-либо политическое значение или оправданную социальную ценность, в нем также совершенно точно указали на различия между всеми другими театрами и театром абсурда[17].

В своей рецензии Тайнен порицает благосклонный прием, оказанный Ионеско театральными критиками и театралами, не обращающими внимания на реальные вызовы политической жизни. Он сетует на то, что «страусы нашей театральной интеллигенции»[18] избрали Ионеско «Мессией», лидером нового «культа», отвергающего любой театр, в котором есть хоть капля реализма (включая Брехта), в пользу мира, который отвергает не только реализм, но и саму реальность. Тайнен заявляет, что устал от созданного Ионеско «мира изолированных роботов, общающихся карикатурами шаблонных реплик, которые иногда забавные, иногда запоминающиеся, но чаще всего ни то ни другое» [Ibid.: 89]. Он говорит, что Ионеско обладает «настоящим личным видением», но, «когда оно используется в качестве ворот к театру будущего его подражателями», театр будущего рискует стать неактуальным [Ibid.]. Ионеско «определенно предлагает "бегство от реализма": но куда?» Ионеско не предлагает никаких решений, никаких альтернатив, ни даже абстрактной веры в возможность сопротивления. По этой причине, говорит Тайнен, театр Ионеско следует рассматривать лишь как «развлечение» [Ibid.]. Воспринимать его как нечто большее — значит похоронить театр заживо.

Ионеско был взбешен рецензией и расценил защиту Тайненом театра с «политическими» корнями как личную атаку на него за то, что он не подражает Брехту. В своем опубликованном ответе, озаглавленном «Роль драматурга», Ионеско защищается от обвинений Тайнена в «неактуальности», настаивая на том, что искусство деградирует, когда его оценивают только по соображениям политической полезности. Политизировать художника или

---

[17] Полностью «Лондонский спор» представлен в [Ionesco 1964: 87–108].

[18] Kenneth Tynan, «Ionesco: Man of Destiny?» в [Ionesco 1964: 87].

его искусство и требовать определенный вид «релевантности» — значит популяризировать политику и унижать искусство. Роль драматурга, по мнению Ионеско, состоит в том, чтобы писать пьесы,

> в которых он может предложить только свидетельство, а не дидактическое послание — личное, эмоциональное свидетельство о своей боли и страданиях других, или, что редкость, о своем счастье — или он может выразить свои чувства, комические или трагические, касающиеся жизни в реальном мире[19].

Затем Ионеско продолжает критиковать всех, кто требует, чтобы искусство драматизировало социальные проблемы и распространяло идеи социального подъема и политического освобождения. При этом он косвенно подтверждает аполитичное прочтение Тайненом его работ. Он пишет: «Я верю, что то, что отделяет нас всех друг от друга, — это само общество, или, если хотите, политика. Вот что возводит барьеры между людьми, вот что порождает непонимание» [Ibid.: 91]. Это происходит потому, что «подлинное человеческое состояние внесоциально», и «именно человеческое состояние определяет социальные условия, а не наоборот» [Ibid.].

Ионеско не отрицает, что искусство может оказывать социальное или политическое влияние, иногда даже благоприятное. Но он настаивает на том, что искусство «свидетельствует» о более глубоком уровне опыта, который находится за пределами политики, и, возможно, действительно выходит за рамки истинной человеческой коммуникативности. Ценность его пьес, таким образом, заключается именно в отказе от политической логики, которая для Ионеско по сути является сферой непонимания и страдания, и в их верности сложностям индивидуального человеческого опыта в абсурдном мире, который невозможно исправить.

---

[19] Eugène Ionesco, «The Playwright's Role» в [Ionesco 1964: 90].

Точно так же, как Тайнен кристаллизовал опасности будущего, вдохновленного Ионеско, отвергающего все соображения справедливости, Ионеско здесь приводит свой аргумент в самой простой форме: искусство вне политики, и не стоит ждать ничего хорошего от их союза, который может быть заключен только принудительно, в ущерб обоим. Антиполитика Ионеско — которую он позже назвал «приверженностью антиприверженности» [Ionesco 1978] — в значительной степени следствие убедительного, хотя и одностороннего прочтения варварской жизни в XX веке. Попытка объединить искусство и политику в XX веке привела к появлению мощных пропагандистских машин как у левых, так и у правых, которые стремились мобилизовать искусство ради выполнения грязной работы идеологов. Эта повинность, навязанная художникам, низвела искусство до инструмента власти, вынуждая художников помогать тем, кто обещал освобождение, но принес только боль, порабощение и горечь. Для Ионеско гораздо утешительнее было верить в то, что социальное — это «лишь один план реальности», «наиболее поверхностный»[20], и что настоящие истины человеческой природы можно найти где-то еще. В одном из своих ответов Ионеско писал:

> Я всегда считал воображаемую истину более глубокой, более значимой, чем повседневную реальность. Реализм, социалистический или нет, никогда не смотрит за пределы реальности. Он их сужает, игнорирует, фальсифицирует и упускает из виду навязчивые истины, которые являются наиболее фундаментальными для нас: любовь, смерть и способность удивляться[21].

Но Тайнен отверг это отступление от политики во имя более глубокой «творческой истины». В своем следующем ответе Ионеско, «Ионеско и призрак», он излагает позицию касательно отношений между политикой и театром и выражает недоволь-

[20] Eugène Ionesco, «The Playwright's Role» в [Ionesco 1964: 91].

[21] Eugène Ionesco, «Experience of the Theatre», написано в 1958 году, опубликовано в [Ionesco 1964: 6].

ство «солипсизмом» Ионеско[22]. Тайнен начинает с изложения того, что является очевидным для него, но что, по его мнению, Ионеско понимает неправильно: речь не о том, «что я хотел бы, чтобы драматургия отражала определенное политическое кредо». «Все, чего я хочу, — это чтобы драма осознала, что она является *частью* политики в том смысле, что любое человеческое действие, даже покупка пачки сигарет, имеет социальные и политические последствия» [Ibid.]. Тайнен категорически отвергает предположение Ионеско о том, что можно полностью разделить сферы человеческой деятельности и исключить политику из повседневной жизни. Более того, он ясно представляет, что может получиться, если довести видение искусства Ионеско до логической крайности:

> Позиция, к которой движется г-н Ионеско, рассматривает искусство так, как если бы оно было чем-то отличным и независимым от всего остального в мире; как будто не только нет ничего, но и не должно быть ничего соотносящегося с искусством вне сознания художника. Эта позиция, кстати, была озвучена несколько лет назад французским живописцем, заявившим, что, поскольку ничто в природе не похоже ни на что другое, он предлагает сжечь все свои картины, которые каким-либо образом напоминают что-либо уже существующее. Упирается эта позиция, конечно же, в живопись действия [Ibid.].

Без социальной основы искусство становится бессмысленным и не вдохновляет никого, кроме самого художника, который не производит ничего интересного или значимого и движется к гибели собственного творчества.

Тайнен находит в словах Ионеско нечто иное, касающееся его самого: Ионеско утверждает, как в разговоре с Тайненом, так и в других источниках, что, поскольку искусство отделено от социальной сферы, роль критика следует ограничить суждением о том, насколько то или иное произведение искусства соответству-

---

[22] Kenneth Tynan, «Ionesco the Phantom» в [Ionesco 1964: 94].

ет своей собственной природе[23]. Не следует высказывать никакого мнения по поводу содержания, особенно если оно включает критику того, как пьеса отражает или не отражает социальную проблематику. Задача критика, по его словам, состоит в том, чтобы сосредоточиться на структуре пьесы, чтобы гарантировать, что она выстроена хорошо, согласно всем правилам построения. В последнем ответе Ионеско Тайнен утверждает, что причина, по которой Ионеско «так увлекается этим призрачным понятием искусства как отдельного мира», заключается в том, что «он просто стремится освободить себя от каких-либо оценочных суждений»[24]. Ограничивая критику акцентом на построении, Ионеско заставляет аудиторию страдать от того же состояния полной беспомощности, которое он критикует в своих пьесах. Как утверждает Тайнен: «Каждая пьеса, заслуживающая серьезного внимания, является заявлением... высказанным от первого лица единственного числа и адресованным первому лицу множественного числа; и последние должны сохранить право на инакомыслие» [Ibid.: 96]. Если публике больше не разрешено взаимодействовать с театром, будучи способной на него реагировать, тогда зачем вообще нужна публика? Тайнен сохраняет веру в театр, который сможет предложить новые возможности для политического сообщества. Он считает Ионеско воплощением нового типа угрозы прогрессивной политике: апатии, уныния и бесконечной деморализации.

Через неделю после выхода второй статьи Тайнена об Ионеско журнал «Обсервер» опубликовал на ту же тему статью Орсона Уэллса, который поддержал критику Тайнена, отчитав Ионеско за то, что он не осознает социальные и политические последствия его «антиполитического» искусства:

Не «политика» является заклятым врагом искусства, а нейтралитет, который лишает нас чувства трагедии. Нейтралитет — это такая же политическая позиция, как и любая

---

[23] См. «Remarks on my Theatre and on the Remarks of Others», изначально лекция Ионеско, прочитанная в 1960 году, перепечатанная в [Ionesco 1964: 59–82].

[24] Kenneth Tynan, «Ionesco the Phantom» в [Ionesco 1964: 95].

другая. О его практических последствиях размышляли
многие из коллег-поэтов г-на Ионеско в единственно настоящей башне из слоновой кости, возведенной в нашем
веке, — в концентрационном лагере[25].

Уэллс завершает свою критику, излагая суть политической
позиции Ионеско: «Объявить руководство некомпетентным,
и после этого настаивать на том, чтобы "управление" мировыми
делами осуществлялось исключительно этими некомпетентными
лицами, значит признать глубокое отчаяние» [Ibid.][26].

Традиционная роль театрального критика имеет смысл только
в том случае, если предполагается, что драматург намерен создать
у аудитории особый тип впечатления. Независимо от того, носит
ли этот опыт дидактический, эмоциональный или культурный
характер, он предназначен для того, чтобы каждый мог его разделить. Задача критика состоит в том, чтобы оценить как актуальность, так и эффективность производимого впечатления.
Отрицая социальную роль театра, Ионеско отвергает также
и предпосылку, на которой базируется театральная критика. Его
намерение — заставить аудиторию что-то почувствовать, о чем-то
подумать, при этом он утверждает, что у него нет желания контролировать их понимание. Он выступает против коллективно-
го опыта театра на том основании, что попытка осуществлять
такой контроль над другими означает пытаться доминировать
над ними. В театре Ионеско нет места критике, основанной на
традиционном понимании пьесы как наставления, как катарсиса
или как социально значимого проекта. Единственная критика,
устраивающая Ионеско, — это та, которая оценивает пьесы
«по-своему»: что именно это означает, даже Ионеско не может
ясно объяснить. Ионеско, очевидно, не только лишил театр со-

---

[25] Orson Welles, «The Artist and the Critic» в [Ionesco 1964: 100].

[26] Ионеско написал ответ на вторую критику Тайнена, озаглавленный «Hearts
are Not Worn on the Sleeve». «Обсервер» предпочел не публиковать его.
Полностью он появляется в [Ionesco 1964: 101–108] и повторяет его предыдущие замечания.

циального содержания, но в своих ответах критикам он также опасно близко подошел к тому, чтобы заявить, что все публичные разговоры и споры о театре противоречат его «истинному» творческому духу. Такая позиция не просто защищала его от всей возможной критики. Она также способствовала полному отделению театра от всего остального мира[27].

Очевидно, что у Ионеско была совсем другая концепция «политики», нежели у его оппонентов. Ссылка Тайнена на покупку сигарет как на политический акт указывает на то, что для него политика — это способ, с помощью которого люди решают, что они ценят и в каком мире хотят жить. Решения, принимаемые в ходе повседневной жизни, — с точки зрения того, что покупать, что говорить, как действовать, — оказывают влияние на мысли и поведение других людей, и поэтому они должны быть обдуманными. Для него, как и для многих других, «все является политическим», поскольку, как писал Гарольд Лассуэлл, политика — это «кто, что, когда и как получает» [Lasswell 1936]. В такой концепции выбор имеет значение, поскольку структура мысли и действия может измениться, институты можно реформировать, а людей можно убедить думать и действовать по-другому. Однако для Ионеско повседневный выбор так же не имеет смысла, как выбор политической партии или решение идти на войну. Вся социальная жизнь заканчивается тиранией, и единственная свобода для человека существует только в царстве одиноких мечтаний. Для него прогресс невозможен, и нет качественной разницы между демократическим режимом и тоталитарным. Как он пишет в последнем ответе Тайнену:

> Я также думаю, что человек может не быть социальным существом. Ребенку очень трудно адаптироваться в обществе, он борется с ним и ему трудно приспособиться... И ребенку трудно приспособиться к обществу потому, что в природе человека есть нечто, что должно вырваться из социального порядка или быть отчужденным от него.

---

27 Подробнее об отношении Ионеско к критике см. [Wellwarth 1982: 33–48].

Он продолжает развивать мысль Сартра: «Общество — это ад, а ад — это другие люди. Мы были бы очень рады обойтись без них»[28]. Однако, в отличие от Сартра, который наслаждался опытом общественной жизни в оккупированной Франции и всю жизнь пытался примирить политику с философией, чтобы соединить свободу личности с опытом общества, Ионеско не может представить ситуацию, в которой человеку было бы полезно сотрудничать с другими. Как объясняет Ламонт, для Ионеско «группы не обладают сознанием; они либо слепо подчиняются, либо ведут за собой стаю» [Lamont 1993: 125]. В то время как для Тайнена арендтская политика не только возможна, но и является целью «политики» в общепринятом смысле, для Ионеско она категорически неосуществима.

«Носорог» и новая эра в творчестве

Невозможно точно ответить, повлиял ли лондонский спор на творчество Ионеско. Во всяком случае, в 1960 году, через полтора года после сражения на страницах «Обсервера», в Париже состоялась премьера постановки пьесы Ионеско «Носорог». Один из главных оппонентов Ионеско во время лондонского спора, Орсон Уэллс поставил пьесу в Лондоне несколько месяцев спустя. С театральной точки зрения «Носорог» символизирует начало более сложного периода в творчестве Ионеско. «Носорог» опирается на контекст тоталитаризма и построен в традиционном трехактном стиле и имеет четкую структуру: начало, середину и конец; по крайней мере одного (а некоторые могут утверждать, что двух или трех) персонажа с уникальным характером; и арки персонажей, которые соотносятся с сюжетом, основанным на действиях и достигающим кульминации. Использование традиционной структуры позволяет дать зрителям почувствовать тот уровень комфорта, который необходим для наилучшего восприятия фантастических элементов спектакля: знакомые миру носо-

---

[28] Eugène Ionesco, «Hearts are Not Worn on the Sleeve» в [Ionesco 1964: 106–107].

роги достаточно, но не слишком, шокируют. Таким образом, Ионеско может донести свое драматическое послание, не теряясь в мире логических ошибок.

Тем не менее, несмотря на всю драматическую сложность, пьеса «Носорог» остается антиполитическим произведением. Хотя пьеса посвящена актуальной политической теме — подъему фашизма — с явным автобиографическим отголоском для Ионеско, основное послание пьесы «Носорог» такое же, как и в ранних пьесах Ионеско: мы все одиноки, и любая попытка бороться с изоляцией, лежащей в основе человеческого опыта, неизбежно приводит к тирании. Социальная организация эквивалентна доминированию, и единственный выход из мира носорогов — то есть из звериного политического мира — это смерть.

Центрального героя пьесы зовут Беранже (это имя носят главные герои многих пьес Ионеско, которых критики считают альтер эго самого Ионеско)[29]. Беранже, алкоголик, апатичный сотрудник типографии, становится свидетелем превращения многих местных горожан в носорогов. Один за другим горожане становятся животными, включая лучшего друга Беранже, Жана, начальника Беранже и коллег и, наконец, его возлюбленную Дэзи. Беранже остается в одиночестве и растерянности. Сначала он боится стать носорогом; затем он приходит в ужас оттого, что он им не станет; в последних строках пьесы он принимает свое предназначение последнего оставшегося человека и клянется сражаться с носорогами до самой смерти.

Второстепенные персонажи в этой пьесе раскрыты лучше, чем персонажи из ранних работ Ионеско. Вместо взаимозаменяемых буржуазных лиц эти персонажи представляют различные подклассы универсального буржуазного архетипа, который находится в центре внимания большинства работ Ионеско. Логик представляет буржуазного философа, который чрезвычайно сосредоточен на абстрактных принципах и практике силлогизма и совершенно не интересуется последствиями присутствия носорогов и поэтому не в курсе того, что происходит вокруг него.

---

[29] См. [Lazar 1982: 135–159].

Он реагирует на первое появление носорога, поворачиваясь к Старому господину рядом с ним и обращаясь к нему: «Я объясню вам, что такое силлогизм» [Ionesco 1960: 13][30]. Он участвует в споре горожан о том, видели ли они, как один носорог дважды пробежал по площади или это были два разных носорога, и произносит длинный, нелепо растянутый силлогизм, который просто поясняет перестановки и комбинации логических вариантов. Когда Беранже указывает Логику на то, что «все это я очень хорошо понимаю, но ведь это же не решает вопроса», он отвечает Беранже, «[покровительственно улыбаясь]: очевидно, дорогой мсье, именно так и только так мы правильно подойдем к постановке вопроса» [Ibid.: 37]. Логик пользуется авторитетом у горожан благодаря образованию и положению; но помощь, которую он предлагает, совершенно бесполезна, и только Беранже, невосприимчивый к приличиям культурной буржуазии вокруг него, готов ему указать на это.

В другом месте хозяин кафе, рядом с которым впервые появляется носорог, игнорирует происходящее на улице, чтобы сказать официантке, что за разбитые стаканы у нее вычтут из жалованья. Узнав, что г-н Беф, один из его сотрудников, только что превратился в носорога и пытается подняться по лестнице, г-н Папийон, глава отдела типичной буржуазной конторы, где работает Беранже, отвечает с раздражением: «Ну, больше я с ним церемониться не буду, я его выгоню» [Ibid.: 51]. Дюдар, перспективный сотрудник, реагирует на ситуацию, спросив, застрахован ли г-н Беф, а Ботар, левый циник, сообщает г-же Беф, что уведомит о событиях свой комитет и разоблачит весь «сговор» или «измену», стоящие за событиями, связанными с носорогами. Госпожа Беф покорно присоединяется к мужу, не представляя своей жизни без него.

Здесь нам представлены стереотипы буржуазного мира: мелкие буржуазные владельцы бизнеса беспокоятся о каждом центе; философы хорошо разбираются в теории, но не способны справиться с практикой; управленцы среднего звена одержимы со-

---

[30] Здесь и далее перевод Л. Завьяловой.

хранением контроля над персоналом; левые интеллектуалы предсказуемо не доверяют власти; молодые целеустремленные работники работают, чтобы вырваться вперед; и послушные домохозяйки готовы пожертвовать собственной личностью в угоду своим мужьям.

Даже более сложные герои, Дэзи и Жан, представляют собой тип буржуазной личности, хотя, конечно, с несколько большей глубиной, чем другие. Жан — молодой интеллектуал, уважающий культуру и рациональность. Его тянет к ницшеанской философии и окопной культуре. Он воспринимает свое постепенное превращение в носорога положительно: физические изменения, которые оно приносит, такие как выступающие вены и твердая кожа, Жан приветствует как признаки «силы» [Ibid.: 62]. Черты Жана, более тонко представленные в сцене в кафе, — его интеллектуальное высокомерие, его эмоциональная холодность, его физическая сила и чувство морального превосходства — становятся более выраженными во время его трансформации и остаются такими до тех пор, пока он полностью не перевоплощается в пугающего ницшеанского сверхчеловека.

Что касается Дюдара, то он снова появляется в третьем акте, представляя добропорядочного буржуа-либерала. Этот моральный релятивист напоминает Беранже: «Не судите — да не судимы будете» [Ibid.: 78]. Дюдар — один из последних, с кем происходит «оносороживание». В последнем акте он пытается успокоить Беранже, говоря ему, что оносороживание — это болезнь, которая, как все болезни, обязательно проходит. И, даже если это не так, со временем оносороживание может принести пользу всем им. Ясно, что Беранже ничего не может и даже не должен делать в этом случае:

ДЮДАР. Предоставьте властям самим принимать меры. В конце концов, я не уверен, имеете ли вы моральное право вмешиваться в это. А впрочем, я и сейчас считаю, что все это не так страшно. По-моему, это просто глупо — сходить с ума из-за того, что несколько человек вздумали сменить шкуру. Им не нравилось в своей. Они вольны распоряжаться собой, это их дело.

БЕРАНЖЕ. Надо пресечь зло в корне.
ДЮДАР. Зло, зло! Пустое слово! Кто это может знать, где
зло, а где добро? Одним нравится одно, другим другое
[Ibid.: 80].

В конце концов Дюдар из принципа решает присоединиться
к носорогам, чувствуя, что его долг — поддержать свой народ.
Принцип большинства решил вопрос.

Дэзи — представительница буржуазной концепции любви:
она и Беранже встречаются в последнем акте как единственные
оставшиеся мужчина и женщина. Они начинают с того, что
клянутся в вечной любви друг другу, обещая заботиться друг
о друге, что бы ни случилось. Однако в ходе разговора они
постепенно осознают, что этой любви недостаточно, чтобы
спасти их от катастрофы. Они начинают спорить, как старая
супружеская пара, и их признания в любви становятся все
менее и менее искренними. Беранже понимает это во время
разговора: «За несколько минут мы с тобой точно 25 лет в бра-
ке прожили» [Ibid.: 104].

Поистине, сила любви не может сравниться с силой носорогов.
Дэзи начинает видеть красоту носорогов и мечтает быть похожей
на них: «Вот это молодцы! Какие они все веселые. Прекрасно
чувствуют себя в своей шкуре. И совсем не похоже, что они по-
мешались. Держат себя совершенно естественно. Выходит, они
правы, что так поступили» [Ibid.: 103]. Теперь потеряв интерес
к уединенной жизни с Беранже, Дэзи присоединяется к носорогам
и отказывается от слабости человеческой любви ради силы жи-
вотного сообщества. Беранже остается один.

Пьеса заканчивается монологом Беранже, его бессвязным
размышлением о ситуации, в котором акцент смещает с защиты
Дэзи на поиск общего языка с носорогами, а после на собственную
деморализацию. Кульминация достигается в тот момент, когда
Беранже долго пытается подражать носорогам в надежде стать
одним из них. Однако, как бы он ни старался, он не может транс-
формироваться. В последние минуты пьесы Беранже вновь обретает уверенность в себе:

> Мне уже никогда не стать носорогом, никогда, никогда! Я не
> могу измениться. Я бы так хотел, так хотел, но не могу.
> Я больше не могу на себя смотреть, мне стыдно! (Повора-
> чивается спиной к зеркалу.) Я так уродлив! Горе тому, кто
> хочет сохранить своеобразие! (Вздрогнув, застывает на
> месте.) Ну что ж, делать нечего! Буду защищаться! Один
> против всех! Где мое ружье, ружье мое! (Поворачивается
> лицом к стене, на которой видны головы носорогов. Кри-
> чит.) Один против всех! Я буду защищаться, буду защищать-
> ся! Один против всех! Я последний человек, и я останусь
> человеком до конца! Я не сдамся! [Ibid.: 107]

Вопрос, можно ли считать это счастливым концом, остается
открытым. Борьба с оносороживанием, безусловно, является
одиноким делом, и у представителя буржуазии в нем нет шансов.
Логик, либерал, левый, влюбленный и владелец бизнеса — все
становятся монстрами в конце. Нет качественной разницы между
политическими группами, любые формы сопротивления терпят
неудачу. Только одиночка, индивидуалист, изгой буржуазного
общества выживает, и он должен жить и «защищаться» в одиночестве. Ионеско сказал, что Беранже «олицетворяет современного человека. Он — жертва тоталитаризма — обоих видов, право-
го и левого» [Ionesco 1984: 16]. *Жертва*. Да, жертва без оружия,
с помощью которого можно было бы сражаться с носорогом,
который в конечном итоге выломает его дверь.

Используя политическую концепцию Арендт или более широкую концепцию Тайнена или Лассуэлла, можно утверждать, что
Беранже действительно является антиполитической фигурой.
В драматическом мире пьесы «Носорог» политика в основе своей
антигуманистична. Все коллективы перерождаются в тоталитарные системы, и вмешательство в мир власти и ресурсов — даже
тех, у кого самые благие намерения, — это движение к господству
над индивидами. Ионеско выразил свое глубокое отчуждение от
любой политики в размышлениях о пьесе «Носорог»:

> Когда «Носорога» поставили в Германии, актеры выходи-
> ли на бис 50 раз. На следующий день газеты написали:
> «Ионеско показывает нам, как мы стали нацистами».

> Но в Москве хотели, чтобы я переписал пьесу так, чтоб
> было видно, что речь идет именно о нацизме, а не об их
> тоталитаризме. В Буэнос-Айресе военное правительство
> решило, что это выпад против перонизма. А в Англии
> меня сочли мелким буржуа. Даже в новой Британской
> энциклопедии меня называют реакционером. Видите ли,
> когда дело доходит до недопонимания, я получаю сполна.
> И все же я никогда не был правым, и я никогда не был
> коммунистом, потому что я лично знаком с обеими фор-
> мами тоталитаризма [Ibid.: 16–17].

Опыт постановок этой пьесы укрепил его веру в то, что политические системы одинаковы, идеологии различаются только по
названию, а политика в лучшем случае смешна, а в худшем невероятно опасна.

Как и другие его пьесы, «Носорог» получил неоднозначную
критику от прессы. Некоторые критики приветствовали ее как
захватывающее свидетельство ужасов фашизма — пьесу с политическим посланием (именно то, чего они ожидали!). Другие
сочли ее оскорбительно нелепой чепухой. В свою очередь
Ионеско дал понять, что, хотя пьеса была вдохновлена его
личным опытом подъема румынского фашизма и особенно
неспособностью его товарищей-интеллектуалов противостоять
фашистскому натиску, она не была заявлением, ограничиваю-
щимся фашизмом, коммунизмом или любой другой конкретной
идеологией. Напротив, «Носорог» призван раскрыть универсальный аспект человеческого опыта: политика — это ловушка.
В 1940 году Ионеско писал: «Я знаю, что любой вид справедливости несправедлив и что всякая власть произвольна» [Ionesco
1998: 17], а «все системы ложны» [Ibid.: 45]. Два десятилетия
спустя, в 1960 году, его взгляды остались прежними: все идеологии порождают носорогов; все они уязвимы; и виновата
в распространении оносороживания в первую очередь мелкая
буржуазия. Проблема неразрешима, поскольку прогресс — это
иллюзия. Политические революции лишь возвращают общество
к альтернативным, но столь же ужасным практикам доминиро-
вания:

Для меня революция — это восстановление архетипической социальной или политической структуры: она авторитарна, даже деспотична и иерархична; восстановление в вероятно иной форме сил правительства; реабилитация правящей власти и дисциплинарного духа, ослабевших потому, что устаревшие лозунги прежней элиты уже не могли их поддерживать [Ionesco 1964: 239].

Подобно старому вину в новых мехах политические идеологии могут показаться современными и даже прогрессивными; однако они всегда будут лишь новыми итерациями вечного стремления к господству.

Столкнувшись с такими мрачными политическими перспективами, тот редкий человек, который отказывается подчиниться толпе, обречен на изоляцию и неопределенность. Ионеско изображает превращение человека в бездумного зверя пугающим и драматичным образом. Вместе с Беранже мы наблюдаем за трансформацией его лучшего друга Жана, который на наших глазах отказывается от того, что связывает его с человеческим родом, — сочувствия, уважения и, наконец, тела и разума. В конце концов мы остаемся с Беранже, одиноким и изолированным, с небольшой надеждой выжить и без надежды обрести друзей.

Ионеско написал еще две похожие пьесы: «Король умирает» и «Макбетт». «Король умирает» рассказывает о короле, который должен противостоять неминуемой смерти, а «Макбетт» является переосмыслением истории Шекспира в посттрагическом, постмодернистском мире. Толкование Ионеско последней пьесы повторяет его видение политики:

Мой Макбетт — жертва не судьбы, а политики. Я согласен с Яном Коттом, польским автором книги «Шекспир — наш современник», который дает следующее объяснение: на троне сидит плохой король, благородный принц убивает его, чтобы освободить страну от тирании, но ipso facto он становится преступником, и его должен, в свою очередь, убить кто-то другой — и так далее. То же самое произошло и в новейшей истории: Французская революция освободила народ от власти аристократов. Но буржуазия, пришедшая к власти, воплощала собой эксплуатацию человека человеком, и ее следовало уничтожить. То же и с революцией в России, которая затем переродилась в тоталитаризм, сталинизм и геноцид. Чем больше вы производите революций, тем хуже они становятся. Человеком движут злые инстинкты, которые зачастую оказываются сильнее моральных законов [Ionesco 1984: 14–15].

Эти пьесы представляют собой наиболее политически содержательные и убедительные версии критики современности Ионеско. Тем не менее в своем утрированном изображении диктатуры и цинизме по отношению к борьбе за свободу и справедливость, даже эти пьесы являются глубоко антиполитичными, а миры, которые они создают, не обладают ни солидарностью, ни основанием для надежды[31].

Заключение

Вера Ионеско в невозможность положительного социального или политического изменения отражена в его работах самым элементарным образом: его драматургия не развивается и не может развиваться за пределами тех узких рамок, в которых она была изначально выстроена. Точно так же, как мир, который он описывает, застрял в бесконечном цикле, колеблющемся между банальностью и варварством, его собственные драматические творения постигла та же участь, и теперь его герои, темы и образы вновь и вновь повторяются в его творчестве. Чтобы найти новый материал, Ионеско погружается все глубже в себя. Следовательно, с течением времени содержание его пьес становится все более самореферентным и автобиографичным. «Человек с чемоданами» (1975 год) содержит множество сцен, взятых либо из снов Ионеско, либо из его личного опыта общения с семьей. Его последняя пьеса «Путешествие среди мертвых» (1981 год) —

---

31 Ограничения политики критики Ионеско см. в Emmanuel Jacquart, «Ionesco's Political Itinerary» в [Lazar 1982: 63–80].

история жизни Ионеско, написанная для театра. Последние пьесы не только полностью самореферентны, но и не имеют структуры. В них альтер эго Ионеско снова и снова переживает отдельные моменты, каждый раз забывая, что уже делал это в прошлом. Пьесы заканчиваются без какого-либо подобия разрешения. А сам их просмотр похож на просмотр на экране снов спящего человека.

Эти заключительные пьесы напоминают психодрамы: психотерапевтические вмешательства, призванные избавить пациента от негативных чувств в процессе руководства постановкой, в которой проигрываются травматические эпизоды его личной жизни[32]. В психодраме один актер играет пациента, а пациент руководит его действиями на сцене. Цель заключается в воссоздании травмирующего события для изменения его концовки. С помощью психодрамы пациент может взять под контроль негативные воспоминания и очиститься от негативных эмоций. Действительно, «Человек с чемоданами» и «Путешествия среди мертвых» содержат самые трудные моменты жизни Ионеско, которые также раскрыты в его дневниках и мемуарах: Ионеско становится свидетелем попытки самоубийства матери; Ионеско бросает ее, чтобы жить со своим отцом; Ионеско конфликтует со своей злой мачехой; Ионеско возвращается к матери; мать женит Ионеско и впоследствии умирает; Ионеско пытается бежать из Румынии, но ему это не удается; и так далее.

Ионеско доводит свое драматическое видение до логического предела. В результате мы получаем именно то, чего боялся Кеннет Тайнен: мы имеем лишь чистый субъективный опыт самого драматурга. Отказ Ионеско от коммуникации порождает театр чистого солипсизма, театр, настолько обращенный внутрь себя, что, кроме собственных мечтаний и воспоминаний, драматургу становится больше не о чем писать. Этот театр не только не имеет отношения к политике, он теперь не имеет отношения ни к кому, кроме самого Ионеско. В 1959 году Ионеско сказал: «Я лег-

---

[32] Это понимание было впервые представлено Моше Лазаром. Подробнее о пьесах Ионеско как психодрамах см. [Lazar 1982: 135–160].

ко могу себе представить драму без публики»³³. К концу жизни это воображаемое видение стало реальностью. Кажется, что единственная целевая аудитория драмы Ионеско — он сам.

Однако в 1980 году на проходившем в Университете Южной Калифорнии симпозиуме, посвященном его творчеству (USC), в своем выступлении Ионеско заговорил о политике так, как никогда прежде не говорил. Внезапно антиполитический драматург предложил зрителям слова надежды и оптимизма. Он начал с поразительного заявления:

> В принципе, культура не может быть отделена от политики. Фактически искусство, философия, метафизика, религия или другие формы духовной жизни, а также науки составляют культуру. В то время как политика должна быть наукой или искусством организации наших отношений, чтобы обеспечить развитие жизни в обществе, в действительности она является частью культурной жизни, той частью, которая опередила все остальные проявления человеческого духа³⁴.

Здесь Ионеско контекстуализирует текущую ситуацию, в которой политика «способствует усилению Зла» [Ibid.: 164], в рамках исторического повествования, в которой существуют альтернативы. Он говорит: «Мы все знаем, что существует несправедливость и социальное неравенство в наших странах. Но есть и возможности для протеста и защиты» [Ibid.: 164]. Внезапно сопротивление стало возможным, и Ионеско выступил его сторонником. Более того, он говорит в своей речи не только от имени личности, существующей в изолированном мире, навсегда отчужденном от других, но также он выступает и от лица сообщества, поддерживая таким образом «дух солидарности» [Ibid.: 165]. Если культура и политика смогут воссоединиться, на смену «толпам» «придут многочисленные ассоциации свободных людей, разнообразных, оригинальных, одиноких и объединенных обществом». Чтобы добиться этого, «политика, следовательно, должна

---

³³ Eugène Ionesco, «A Talk about the Avant-Garde» в [Ionesco 1964: 43].

³⁴ Eugène Ionesco, [Lazar 1982: 161].

играть свою самую важную роль — способствовать развитию культуры и, в частности, искусства» [Ibid.: 166], поскольку именно «искусство и культура воссоединяют нас в общей тоске, которая составляет основу нашего единственно возможного братства, нашего экзистенциального и метафизического сообщества» [Ibid.: 167]. Таким образом, «мы» возможны и можем осуществиться посредством «универсальной культуры» [Ibid.: 165].

Последняя пьеса Ионеско, «Путешествие среди мертвых», была впервые поставлена через год после его выступления перед аудиторией в Университете Южной Калифорнии. Эта пьеса, как обсуждалось ранее, представляет собой личное путешествие Ионеско по собственному подсознанию, а не, как некоторые могли бы надеяться, искупительную историю о человеческой солидарности. Университетская речь Ионеско может дать ключ к разгадке того, почему его очевидное осознание возможностей политики не повлияло на его драматургию: так, в речи он отметил, что «любой поэт, желающий разрушить язык, на самом деле пересоздаст его и обогатит. Таким образом, любой писатель, стремящийся выразить свое отчуждение, помогает нам почувствовать себя более свободными в плену нашего земного бытия» [Ibid.: 165]. Вполне возможно, именно так он видел свою роль в мире — как человека, отчаявшегося в изоляции и уединении, которые он выбрал сам ради того, чтобы его собратья чувствовали себя менее одинокими. Следовательно, хотя он не предлагал никаких решений и отвергал все традиционные формы политической «приверженности», он не отказывался от всех концепций человеческой связи. В конце концов, у него была публика и у него были критики, которые стремились вовлечь его в диалог, чтобы установить с ним контакт на человеческом уровне.

Предпосылкой для политики Арендт является ощущение, что у человека есть что-то общее с его соседом, что у них схожие мечты, желания и страхи. Отчаяние сформировало мышление многих в послевоенном мире. Отчаянно желая остаться в покое, освободиться от физических и эмоциональных мучений, от манипуляций, господства и преследований, люди цеплялись за свои субъективные переживания, за свои мечты и свое воображение так, как будто у них не было ничего другого. Они составляли сообщество отчужденных людей, которые не хотели иметь ничего общего с этим сообществом. Ионеско был одним из них, и его восклицания крайнего отчаяния перекликались с опытом одиночества других людей. Как он писал: «Именно в нашем одиночестве мы все можем воссоединиться»[35]. Возможно, Ионеско лучше всего понимать как автора, который укрепил сообщество, сформировав один общий страх для всех его членов. Как он писал в своем дневнике в 1979 году, «в стремлении оставаться строго аполитичным я потворствовал политическому действию. Нет никаких сомнений в том, что быть против политики — значит действовать политически»[36]. Своим отказом от политики он заложил фундамент для возможностей будущей политики. Поэтому его следует воспринимать как главного антиполитического политического драматурга.

---

[35] Eugène Ionesco, «Hearts are Not Worn on the Sleeve» в [Ionesco1964: 108].
[36] Э. Ионеско, цит. по: [Lamont 1993: 175].

Глава 6

Заключение: политический театр как политическая практика

Шоу, Брехт, Сартр и Ионеско — все были вовлечены в один общий проект, пусть они так и не считали. Различия, разделявшие их, подчеркивались гораздо больше, чем их общие черты. Ни их критики, ни их политические враги, ни они сами не считали себя союзниками в искусстве или политике. Брехт однажды сказал, что никогда в жизни он не смеялся так сильно, как «когда услышал, что Шоу — социалист». Для Брехта элитарность фабианского мировоззрения была несовместима с популизмом марксизма. Ионеско рассматривал Брехта и Сартра как идеологов, заталкивающих коммунистический конформизм в глотку независимых художников, таких как он сам. Эта концепция была невероятно ироничной в случае Брехта, который получил порцию осуждения от Лукача и советского истеблишмента за формализм и подвергся нападкам критиков всех мастей за отказ присоединиться к определенной партии или течению. Критика Сартра со стороны Ионеско была более оправданной, поскольку Сартр осудил Ионеско в манере, напоминавшей отповедь Лукача Брехту:

> Все творчество Ионеско — это пресловутое общество союза людей, но представленное наоборот. И проблема этих писателей [абсурдистов] — это проблема интеграции. В этом отношении они являются единственными драматургами нашего времени (они разрушают буржуазный театр, в ко-

тором эта интеграция считается само собой разумеющейся). Это проблема интеграции как таковой или любой интеграции вообще, их интеграции с любым типом общества. Хотя они аполитичны в этом смысле, они также реакционны[1].

Использование Сартром здесь слова «реакционный» указывает на его попытки соответствовать авторитарной культурной политике Советского Союза, которая объявила всех антиреалистов политически опасными. Интересно, что Сартр, как сообщается в некоторых источниках, очень уважал Брехта, хотя и считал, что эпический театр не мог обращаться к послевоенной французской публике, «бесхребетной публике», которая не в состоянии понять и оценить политическую активность Брехта. Действительно, уникальные формы драматургии, предложенные этими четырьмя драматургами, отражали противоречивые политические предпочтения и часто противоположные взгляды на то, чего театр может и должен добиваться.

Однако, несмотря на различия, эти драматурги имели и некоторое сходство. Все четверо были едины в своем понимании тоталитаризма как главной угрозы европейской цивилизации; все отстаивали свободу личности вопреки воле власть имущих. И хотя их взгляды различались в отношении просветительской концепции прогресса (ламаркианство Шоу и пессимизм Ионеско отражают противоположные полюса мнений), они все разделяли убеждение, что, даже если лучший мир и не наступит, за него, по крайней мере, стоит побороться.

Все они выросли в условиях мировой войны, тоталитаризма и опустошения и видели, как их цивилизованный мир поглотила рукотворная катастрофа. Этот общий опыт — опыт жизни в XX веке — описывается их современником, Альбером Камю, следующим образом:

Мы родились в начале Первой мировой войны. Будучи подростками, мы пережили кризис 1929 года; когда нам было 20, к власти пришел Гитлер. Затем итало-эфиопская

---

[1] Жан-Поль Сартр, интервью 1955 года, перепечатано в [Sartre 1976: 51].

война, Гражданская война в Испании и Мюнхенское соглашение. Это основы нашего образования. Дальше была Вторая мировая война, поражение, Гитлер в наших домах и городах. Родившиеся и выросшие в таком мире, во что мы верили? Ни во что. Ни во что, кроме упрямого отрицания, которым мы были вынуждены оградиться с самого начала. Мир, в который мы были призваны, был абсурден, но не было другого, в котором мы могли бы укрыться... Если бы проблема заключалась в несостоятельности политической идеологии или системы правления, все было бы достаточно просто. Но то, что произошло, уходило корнями в самую основу человека и общества. В этом нет никакого сомнения, и это подтверждалось изо дня в день не столько поведением преступников, сколько поведением обычных людей[2].

Хотя Камю говорил именно о своем поколении, поколении Сартра, Брехта и Ионеско, описание Камю применимо ко всем, кто пережил ужасы первой половины XX века, включая Шоу.

Сочинения Ханны Арендт перекликаются со словами Камю, поскольку она заметила, что ужасы XX века обесценили все предыдущие попытки понять наш мир:

На уровне исторического прозрения и политической мысли преобладает нечеткое, общее согласие в том, что основная структура всех цивилизаций достигла переломного момента. Хотя в некоторых случаях может показаться, что эта структура лучше сохранилась в некоторых частях мира, чем в других, она нигде не может обеспечить руководство возможностями века или адекватный ответ на ужасы этого века [Арендт 1996][3].

Ни одна из наших устоявшихся теорий, религий или концепций не может адекватно объяснить жестокость тоталитаризма. Как

---

[2] Альбер Камю, цит. по: [Isaac 1992]. Исаак предлагает интересный анализ этого поколения интеллектуалов и попыток, которые они предприняли, чтобы примириться с «человечеством в нулевой час». Он фокусируется на общих чертах Камю и Арендт, у которых много общего с Брехтом, Сартром и Ионеско.

[3] Впервые опубликовано в 1951 году.

настаивала Арендт, теперь мы должны признать, что мы «мыслим без преград» — без дающих чувство безопасности моральных абсолютов, нравственных императивов и руководства традиций. Мы больше не можем утешаться сознанием того, что наши жизни и поступки являются продолжением наследия человеческих достижений, поскольку «подземные воды западной цивилизации, наконец, выходят на поверхность и попирают достоинство нашей традиции» [Там же]. В наших попытках разобраться в том, что произошло, чтобы двигаться дальше, мы не можем полагаться на Бога или на какую-либо ранее созданную этическую теорию. Так как же нам действовать?

Сейчас, в XXI веке, в контексте международного терроризма, продолжающегося геноцида, мировых экономических кризисов и сопротивления авторитарных режимов, мы продолжаем пытаться ответить на эти вопросы: как нам следует себя вести в случаях, когда наши действия не определяются моральной уверенностью в религии и традициях? Что на самом деле означает фраза: люди «ответственны» за свои решения и поступки? Какое политическое значение можно придать ответственности, когда зачастую отсутствует законная власть для надзора за правосудием, а доминирующие политические органы являются источником разрушения?

Если произведения Шоу, Брехта, Сартра и Ионеско рассматривать вместе, то можно увидеть, что они затрагивают и освещают ряд центральных тем проекта политического театра и политической теории XX века. Любая попытка обосновать политику и способствовать дальнейшему созданию политического искусства должна учитывать эти темы. Они указывают на всеобъемлющую этическую чувствительность, которая может помочь нам в критическом осмыслении наследия XX века, а также в будущем, полном неопределенности, страха и надежды: (1) человеческая ответственность в мире без Бога, (2) опасности идеологической убежденности как замены Бога и (3) достоинство личности в массовом обществе. Изучая эти темы и попытки Шоу, Брехта, Сартра и Ионеско раскрыть их, мы получаем представление о том, каким способом можно восстановить подлинно политический мир, в котором свободные люди могут работать вместе, чтобы построить общество, в котором ценятся сотрудничество и общение и процветает воображение.

1) Ответственность человека в светском мире

Шоу, Сартр, Брехт и Ионеско — каждый из них лично столкнулся с утратой традиций. Их пьесы наполнены ситуациями, в которых боги *или* явно отсутствуют, или ослаблены. В таких ситуациях, когда бог и религия больше не защищают от жизненных неопределенностей, сами индивиды могут служить себе проводниками, создавая критерии, на основе которых можно судить о действиях человека и определять свою реакцию на кризис. Каждый драматург предлагает свое понимание того, что представляет собой светский мир, для решения вопросов справедливости и ответственности, и большинство из них дают основания для надежды. У каждого есть что предложить, когда дело доходит до управления человеческими действиями в мире без внешнего руководства.

Шоу — самый оптимистичный из четырех, он настаивает на том, что каждый человек способен принимать рациональные решения, и искренне верит в творческую эволюцию. В пьесе «Назад к Мафусаилу» Шоу прославляет отсутствие Бога, пересказывая историю Адама и Евы, с Лилит в качестве создательницы всего. В 31920 году нашей эры человечество эволюционирует и будет жить в мире, где материальные ограничения тела будут преодолены и «не будет людей, только мысль»: свободные от любых физических ограничений, люди скоро станут богами. Без Бога старого мира, ограничивающего их деятельность, люди свободны создавать собственный рай на земле.

Шоу утверждает не только смерть Бога, но и утрату социальных нравов и традиций; по его мнению, аристократические моральные кодексы налагают искусственные ограничения на поведение человека, лишая его возможности реализовать свой потенциал. В пьесе «Профессия миссис Уоррен» Шоу разоблачает негативное влияние викторианских традиций на женщин, демонстрируя нам то, что нарушение обычаев одновременно расширяет возможности и способствует социальной справедливости. В пьесе «Майор Барбара» мы видим, что понятие христианской благотворительности служит сохранению структуры экономической власти, которая поощряет эксплуатацию бедных. Идея Шоу заключается в том, что искоренение этих устаревших обычаев позволило бы обрести необходимую личную свободу для дальнейшего развития. Чем больше люди развивают свой разум, тем большего они могут достичь. По мнению Шоу, именно иррациональные представления о национализме и гордости привели к катастрофе Первой мировой войны. Если бы у людей была такая возможность, эти импульсы угасли бы, а прогресс ускорился.

Ни Брехт, ни Сартр, ни Ионеско не разделяют оптимизма Шоу. Для них вопрос ответственности в мире, лишенном традиций, является очень серьезным и на него нельзя ответить слепой верой в рациональность. Сартр рассматривает и рационализм, и веру в эволюцию как симптомы самообмана и отказа противостоять реальности. Сартр высоко оценивает страх, который безбожный мир может вселить в людей. В пьесе «За закрытыми дверями» персонажи на сцене осознают, что они в аду, и с ужасом ожидают прихода дьявола, который так и не приходит. С течением времени они понимают, что аду не нужен дьявол, потому что люди здесь самостоятельно искупают вину за собственные деяния и сами являются причиной своих страданиях. Для того чтобы постоянно мучить друг друга, им не требуется никакой внешней силы — они делают это по собственной воле. И, получив шанс сбежать, все решают остаться. Они так боятся своей свободы, что скорее предпочтут остаться в аду, чем столкнуться с неизвестным миром снаружи.

Большинство других героев Сартра способно преодолеть свой страх и противостоять пустоте, оставленной богами. Они делают искренние попытки, заявляя о своей свободе от вины, идеологии и условностей, и принимая неопределенность мышления «без преград». Орест, Бариона, Уго и Гейнц — каждый пытается отвергнуть искушение «самообмана» и простое решение винить в своих решениях внешние силы (историю, богов, тиранию, политическое давление), которые являются формой «необходимости». Вместо этого каждый из них отказывается от любых оправданий собственного поведения и принимает последствия своих поступков. Орест не раскаивается в преступлении, заключавшемся в убийстве матери и отчима; вместо этого он решает принять наказание в виде изгнания с родной земли. Бариона решает защитить Христа вместо того, чтоб предаться «отчаянию». Гейнц решает присоединиться к коллективу и бороться за равенство вместо того, чтобы постоянно принимать решения на основе христианской морали. Уго принимает смерть в качестве наказания за убийство Хёдерера вместо того, чтобы попытаться оправдать свой поступок перед приверженцами «самообмана» коммунизма.

В моральной вселенной Сартра самое главное не то, что вы делаете, а то, готовы ли вы взять на себя ответственность за это. Поскольку мы можем никогда не узнать, правильно ли мы поступаем, критерием суждения не может быть правильность действия, а лишь то, как было принято решение о нем. Решение действовать — это личный выбор, который должен стать результатом глубокого размышления и честной конфронтации с истиной об отчужденности человека от Бога. Момент принятия решения изображается в пьесах Сартра как момент напряженного откровения, когда главный герой становится единым с самим собой и впервые ясно видит, что ему следует делать.

Хотя Брехт согласен с Сартром в том, что размышление необходимо для разумного политического суждения, он ставит рациональность выше, чем откровение в процессе принятия решения. Однако понимание Брехтом рациональности отличается от рациональности Шоу, поскольку Брехт не считает рациональность неизбежной или надежной. Он понимает, что эмпатия способна препятствовать процессу рационального суждения, и основывает свою драматургию на техниках, призванных препятствовать развитию эмпатии. Брехт также понимает, что суждение не может основываться только на способности рассуждать: необходимо заниматься активной критикой всего существующего, исследуя не только внешний мир, но и собственные суждения.

В брехтовской пьесе «Добрый человек из Сычуани» Шен Те старается изо всех сил служить богам, помогая другим людям. Однако она понимает, что не может помогать другим и себе одновременно. Она нуждается в руководстве. Когда прибывают боги, они оказываются не такими, какими она себе их представляла: боги посланы на землю в поисках «добрых» людей, живущих по божественным заповедям. Если они не смогут никого найти, их «постановление» окажется недействительным, и они потеряют работу. Здесь боги — всего лишь бюрократы, посланные оценить ситуацию на земле, не наделенные властью вмешиваться. Как они отвечают тому, кто спрашивает, могут ли они что-то сделать: «Ничего. Мы только наблюдатели» [Brecht 1976: 68][4]. В конце концов они возвращаются на небеса с подделанным отчетом, взяв с собой достаточно доказательств, подтверждающих доброту Шен Те, пусть эти доказательства и не отражают всей правды. Жители Сычуани остаются наедине с загадкой: раз мир слишком суров, чтобы люди могли оправдать ожидания богов, должны ли они изменить мир, отказаться от своих убеждений или осудить людей за их слабость? Эпилог адресован зрителю и предлагает ему вынести решение:

> О публика почтенная моя!
> Конец — неважный. Это знаю я.
> В руках у нас прекраснейшая сказка
> Вдруг получила горькую развязку.
> Опущен занавес, а мы стоим в смущенье —
> Не обрели вопросы разрешенья.
> От вас вполне зависим мы притом:
> За развлеченьем вы пришли в наш дом.
> Провал нас ждет — без вашей похвалы!
> Так в чем же дело? Что мы — не смелы?
> Трусливы? Иль в искусстве ищем выгод?
> Ведь должен быть какой-то верный выход?
> За деньги не придумаешь — какой!
> Другой герой? А если мир — другой?
> А может, здесь нужны другие боги?

---

[4]   Здесь и далее перевод Е. Ионовой и Ю. Юзовского.

> Иль вовсе без богов?
>> Молчу в тревоге.
> Так помогите нам! Беду поправьте
> И мысль и разум свой сюда направьте.
> Попробуйте для доброго найти
> К хорошему — хорошие пути.
> Плохой конец — заранее отброшен.
> Он должен,
>> должен,
>>> должен быть хорошим! [Ibid.: 103–104]

В своем фирменном стиле Брехт заканчивает пьесу вопросами, а не ответами, предоставив аудитории возможность делать собственные выводы в театре и за его пределами. Поскольку боги не собираются вмешиваться, нам решать, как должен быть устроен мир и как мы должны относиться друг к другу. В этом наш залог свободы и больших возможностей как для успеха, так и для катастрофы. Чтобы предотвратить дальнейшую несправедливость и исправить то, что уже было сделано, критическое размышление должно быть постоянным.

В отличие от Брехта, Шоу и Сартра, Ионеско не предлагает никаких критериев для суждения и не дает надежды на то, что люди научатся самостоятельно ориентироваться в мире. В своих пьесах Ионеско изображает сартровскую свободу обреченной на гибель. В последней сцене пьесы «Носорог» Беранже ожидает уничтожения рода человеческого, но наступает момент, когда спасение возможно. В традиционных пьесах его мог бы спасти *deus ex machina*, божий акт милосердия, благодаря которому были бы изгнаны все носороги, а Беранже был бы вознагражден за свой гуманизм. Однако бог не приходит. И Беранже, в отличие от героев старых произведений, не обращается к богу за помощью; ему даже в голову не приходит это сделать. Он один в мире, последний человек, и он это знает. И в отличие от других драматургов, здесь Ионеско не задает вопросов и не дает надежды. Судьба Беранже предрешена: его свобода — смертный приговор.

Хотя Шоу, Брехт, Сартр и Ионеско предлагают различные уникальные взгляды на проблему ответственности человека в мире, где нет традиции, собранные же вместе, они представляют набор способов выработки суждения в таком мире. Все четверо открыто констатируют факт потери Бога и принимают то, что люди должны разработать новые критерии суждения самостоятельно. У Сартра мы видим ценность личного размышления и необходимость отказаться от всех видов самообмана, особенно тех, которые основаны на оправданиях и негативных эмоциях, такие как вина и гнев. Шоу призывает нас не основывать наши решения только на социальных нормах и применять рациональное суждение. И Шоу, и Брехт выступают с критикой социальных норм, в то время как Брехт идет еще дальше, поощряя создание критической дистанции от событий, как больших, так и малых, и подвергая сомнению весь «здравый смысл». Ионеско напоминает нам, что нужно опасаться всех суждений, которые лежат в основе понятия «общество» — более того, он предупреждает нас об опасностях самого «общества». Общества и суждения, которые они производят, заслуживают тщательного изучения с целью не допустить, чтобы свобода личности снова была уничтожена массой. Предупреждение Ионеско служит здоровым контраргументом неустрашимому оптимизму Шоу и напоминает нам о том, что следует остерегаться как самой моральной уверенности, так и тех, кто ее выражает.

2) Идеология как замена Бога

Создание гуманистической этики для замены традиций является сложной задачей. Как ясно показывают Шоу, Брехт, Сартр и Ионеско, не существует простых ответов, когда дело доходит до определения правильных действий, и проявление здравого смысла предполагает уровень самосознания, которого нелегко достичь, особенно во времена кризиса. Гораздо проще полагаться на готовое руководство, чем обдумывать каждую новую ситуацию. Это стремление к простым решениям помогает объяснить, почему так много людей соблазнилось светским мировоззрением, которое стало доминировать в XX веке, а именно, политическими идеологиями тоталитаризма — коммунизмом и фашизмом.

Подобно религии, идеологии коммунизма и фашизма предлагали надежду на будущее, четкие различия между другом и врагом и систему убеждений, предоставлявшую руководство для суждений и действий. Как пишет Арендт, тоталитарная идеология «выглядит как последняя опора в мире, где ни на кого и ни на что нельзя положиться» [Арендт 1996]. Хотя все четыре драматурга сумели разглядеть за ложными обещаниями жестокую суть фашизма, коммунизм оказался более сложным испытанием. И Брехт, и Сартр неоднозначно относились к достоинствам советской системы, возникшей из философии Маркса, основанной на идеях Просвещения. Им было трудно отказаться от классовой борьбы; ни один из них не хотел признавать, что в коммунистической идеологии Советского Союза мало осталось от идей, на которых она основывалась. Песня Контрольного хора в опере Брехта «Высшая мера» выражает обещание коммунизма:

> ведь у одного лишь пара глаз,
> а у партии тысячи.
> партия семь видит стран,
> а ты — только город один.
> у тебя лишь одна минута,
> а у партии множество минут.
> тебя одного могут погубить,
> а всю партию уничтожить нельзя,
> потому что она — авангард масс
> и ведет борьбу
> по методам классиков, извлеченным из знания
> жизненной действительности [Brecht 1997b: 83][5].

В этом стихотворении Брехт показывает, что коммунизм может быть одновременно соблазнительным и пугающим. Единство голосов, поющих или говорящих эти строки, имеет жуткий оттенок, однако надежда на равенство и справедливость, которую

---

[5]   Перевод С. Городецкого.

эти слова несут, была столь же реальной, как и страх, который они вселяли. Конфликт между потребностями коллектива и правами личности, который подчеркивается в пьесе, был одновременно инструментом обучения, призванным вызвать дискуссию, и свидетельством личной амбивалентности Брехта в отношении коммунистического движения.

В конечном счете понимание Брехтом марксизма как критического метода исследования, а не набора конкретных убеждений, позволило ему избежать подчинения советской идеологии.

Он понимал опасность, заложенную в ее логике, последствия того факта, что, по словам Арендт, «нельзя сказать А, не сказав B, C и так далее, вплоть до конца смертоносного алфавита» [Арендт 1996]. Поскольку каждое действие, мысль и решение определяются основными положениями, на которых основана идеология, — только партия знает, что лучше для рабочего класса, и все необходимые средства обеспечения бесклассового общества оправданы, — разногласиям или даже дискуссиям по тем вопросам, по которым партия принимает решения, в ней нет места. Брехт видел, что такая система не оставляет места для человеческой свободы. Его пара учебных пьес, «Говорящий "да"» и «Говорящий "нет"», рассказывает о последствиях опоры на такую систему и свободе, которую человек обретает в случае отказа от нее. В обоих случаях молодой человек заболевает во время путешествия группы через горы и должен решить, следовать ли обычаям: «С древних времен существует обычай, согласно которому всех, кто не может больше идти, следует бросить в долину» [Brecht 1997b: 52]. Те, кто терпят неудачу, должны спросить у группы, следует им повернуть назад или последовать обычаю. В первой пьесе молодой человек соглашается последовать обычаю и позволяет убить себя. Хор поет последние строки:

> На том его друзья забрали кувшин
> И вздохнули о путях мира сего
> И горечи его обычаев,
> А затем сбросили его вниз.
> Бок о бок они стояли единой шеренгой
> У самого края долины

И швырнули его со скалы,
Отведя глаза, ничего не видя.
Все поровну разделили вину
И вместе бросали комья земли
И большие плоские камни [Ibid.: 54].

Логика ситуации подсказывает, что группа должна это сделать, и они делают это, не говоря ни слова. Но в пьесе «Говорящий "нет"» молодой человек не соглашается. Когда группа требует от него ответа, он говорит:

Мой ответ был неправильным, но ваш вопрос был еще более неправильным. Тот, кто говорит А, не обязан говорить Б. Можно вдруг понять, что А было неверным... А что касается обычая, я не вижу в нем смысла. Нам необходим новый «великий обычай», который мы должны немедленно ввести, обычай обдумывать положение дел в каждой новой ситуации [Ibid.: 59].

Пораженная его словами, группа решает повернуть назад, хотя они знают, что общество будет высмеивать их по возвращении. Хор снова поет последние строки:

Таким образом, друзья не оставили друга
И основали новый Обычай
И новый закон
И принесли мальчика домой.
Бок о бок они шли единой шеренгой,
Чтобы противостоять позору,
Чтобы противостоять смеху, с открытыми глазами
Все поровну разделили трусость [Ibid.].

Отвергая логику, требующую следовать обычаю, группа освобождается от идеологии, которая душит их мысли и действия. Тем самым они избегают изоляции, которую порождает идеология. Хотя в первой сцене хор действует как единое целое, ему не хватает атмосферы общности, которая возникает в результате участия в общественной жизни — в результате дискуссий, вынесения суждений и взаимодействия с другими. Они «вздыхали о путях мира сего», смирившись с актом убийства, который диктует обычай. Но когда юноша говорит «нет», хор объединяется как политическое целое, задействовав возможности каждого в совместной работе над общим проектом. Брехт видел идеологию не только физически, но и политически опасной, поскольку она лишает сообщество возможности действовать как единое целое. Там, где нет свободы мысли и действия, нет дискуссии, может существовать только группа изолированных личностей.

Сартр также боролся с идеологической силой коммунизма, так как его, как и Брехта, тянуло к гуманизму марксизма, и он хотел верить, что его еще можно спасти от влияния Советского Союза. Так же как и Брехт, Сартр видел насилие, которое подразумевала коммунистическая идеология. Его способ противостоять привлекательности коммунизма отличался от техники Брехта: вместо того чтобы сосредоточиться на отрицании логики коммунизма, Сартр стремился бороться с ней, полагаясь на истинность субъективных переживаний. По его мнению, свобода никогда не может быть отнята, независимо от того, что люди могут делать, значение, которое они придают собственным действиям, принадлежит только им самим. Их собственная субъективная правда о своей ситуации — способность брать на себя ответственность и придавать смысл своим действиям в экзистенциальном понимании — обеспечивает их автономию. Через образ Уго в пьесе «Грязными руками» Сартр показывает нам, что это значит с точки зрения сопротивления коммунизму. У Уго есть возможность отказаться от своего поступка — убийства Хёдерера — и вернуться в партию. Он должен сказать, что убил Хёдерера из ревности, и признать, что это было неправильно. Но для Уго его поступок — это единственное действие, которое, по его мнению, сделало его жизнь осмысленной. Поэтому сказать, что он совершил это из ревности, значило бы лишить поступок смысла. Он готов умереть врагом партии, чтобы его поступок сохранил значение. Хотя партия убьет Уго и определит его место в истории, он по-прежнему сохраняет власть над своей жизнью таким образом, что никто и никогда не сможет ее контролировать. Другие не могут уничтожить его личную истину — аутентичность его опыта. Значение, которое он придает своему поступку — он убил человека, которого до сих пор считает предателем, и поэтому верен себе и собственному пониманию того, что такое героизм, — неуязвимо для коммунистической идеологии. Для Сартра защищаться от скрытой силы идеологии означает никогда не позволять ей влиять на свою субъективную истину.

Ни Шоу, ни Ионеско никогда не боролись с идеологией так, как Брехт и Сартр. Шоу от тоталитаризма отделял Ла-Манш, а Ионеско видел фашизм и коммунизм как две головы одного и того же чудовища. Можно легко сказать, что «Носорог» описывает механизм любой идеологии. Эта пьеса подчеркивает изоляцию личности в тоталитарном обществе и то, как логика его системы убеждений лишает людей способности общаться, рассуждать и сопереживать — аспектов, определяющих человеческое существование. В отличие от работ Брехта и Сартра, мрачное видение Ионеско опасности тоталитарной мысли не дает шансов на спасение, и единственный тип сопротивления — непреднамеренный. Опять же, ценность вклада Ионеско в дискуссию — предупреждение о том, что кто угодно может поддаться идеологии: ни призвание, ни уровень дохода, ни политические пристрастия, ни эмоциональный интеллект не защищают от нее.

На самом деле, не то, кем является человек, а то, чем он занимается, определяет уровень влияния идеологии. Брехт подчеркивает, как важно отвергать абсолютистскую логику систем убеждений и помнить, что «тот, кто говорит А, не обязан говорить Б». Независимая мысль, дискуссия и критика могут обеспечить выход из логических ловушек идеологии. Сартр утверждает, что аутентичность и собственная субъективная истина никогда не будут побеждены «объективной истиной», на обладание которой претендуют идеологии. А Ионеско доводит тоталитарную идеологию до логического завершения, изображая мир, полный зверей. Без предоставления каких-либо явных примеров успешного сопротивления, возможно даже ненамеренно, но он действительно вселил в свою аудиторию надежду. Изображая переживания, которые он также разделял, Ионеско, как Сартр и Брехт, напоминал зрителям об их общей связи. Пьесы всех четырех драматургов дали зрителям возможность принять участие в разговоре о пережитом и указать на что-то за пределами самих себя, на что-то, что к ним относилось: на символ их страданий, строку диалога, которая выражала мысли, которые они не могли озвучить, или на чувство надежды, которое они не ощущали, но хотели почувствовать. Такое признание общей реальности само по себе было формой сопротивления.

3) Личность и массовое общество — нонконформизм

Еще одной отличительной особенностью жизни XX века, которую отразили драматурги, был подъем массового общества. Как и подъем идеологии, появление массового общества стало результатом неспособности традиционных способов понимания и организации адекватно ответить на события Первой мировой войны. Индустриализация привела к развитию рабочего класса — постоянно увеличивающегося числа рабочих, которые стали взаимозаменяемыми в результате производственных процессов капитализма. Еще до Первой мировой войны эти люди изо всех сил пытались сохранить достоинство и чувство собственной значимости в мире, в котором они как личности были лишними. В пьесах «Профессия миссис Уоррен», «Майор Барбара» и «Пигмалион» Шоу изображает реальную жизни в викторианской Англии, в которой люди являются лишь винтиками в механизме. Особенно часто с жизненными трудностями сталкивались работающие женщины. Как и тысячи других, миссис Уоррен выбирает между жизнью, полной изнурительного труда, и жизнью проститутки. Безработные рабочие, которые приходят на обед в Армию спасения в пьесе «Майор Барбара», живут в унизительных условиях, они прозябают в нищете.

Однако с началом Первой мировой войны условия стали еще хуже. Структура империалистического капитализма привела к катастрофе. Миллионы солдат были убиты на полях сражений.

Классовая система рухнула, а вместе с ней и основанная на классовой принадлежности система политических партий. Люди всех сословий, которые прежде были вне политики из-за апатичности или незаинтересованности, стали активными. И хотя они были вовлечены, они не были политизированы. Они сосредоточились на личных потребностях, но не имели общих целей или взглядов на будущее. Они легко поддавались идеологии, которая давала им возможность объяснить свое бедственное положение и выразить свое разочарование. «Европейский массовый человек», как называет его Арендт, характеризовался прежде всего не «жестокостью и отсталостью, а изолированностью и отсутствием нормальных социальных отношений» [Арендт 1996]. Пьеса Брехта «Что тот солдат, что этот» именно об этом «новом человеческом типе» — массовом человеке, который отказывается от своей идентичности, потому что он «не может сказать нет» тому, что от него хотят. Гэли Гэй, простой грузчик, превращается в «человекообразную боевую машину» в ходе пьесы. Как объясняет собравшимся вдова Бегбик: «Сегодня здесь / Будет человек переделан весь / Разобран и собран, без лишних затей, / Как машина из старых запасных частей, / Не утратив при этом совсем ничего... Упустим сегодня, забудем о нем, / А завтра он к нам же придет палачом» [Brecht 1994: 38][6]. Когда он теряет себя, забывая свое имя и получая другое, Гэли Гэй также теряет связь со своим окружением. Его последние слова: «И вот уж меня охватило желание / Вцепиться зубами в глотку врага, / Древний позыв убивать / Кормильцев семей, исполняя / Завоевателей / Приказ» [Ibid.: 76]. Трое солдат изначально манипулируют героем в своих целях, однако в конце пьесы Гэли Гэй утверждает свое господство — в итоге никто не может контролировать того, кто становится «сильным, только слившись с массой».

«Что тот солдат, что этот» — это пугающий образ массового человека из мира Брехта, и превзойти его может только мир носорогов Ионеско. В то время как название пьесы Брехта указывает на взаимозаменяемость людей в XX веке (еще один пере-

---

6   Здесь и далее перевод Л. Копелева.

вод названия — «Человек есть человек»), название пьесы Ионеско
указывает на то, что различие между одним и многими стерто:
во французском языке «носорог» обозначает форму существи-
тельного как в единственном, так и во множественном числе.
В мире Ионеско индивид полностью поглощен массой, и невозможно отличить одного носорога от другого.

Массовые социальные и политические структуры XX века
поставили под угрозу жизнь и достоинство личности. Перед
лицом этой угрозы все четыре драматурга защищали людей,
которые оказывали сопротивление власти масс. Чтобы бороться
с массовым человеком, драматурги прославляли нонконформизм.
Подобно массовому человеку, нонконформист — это «каждый
человек»: рабочий, солдат или мелкобуржуазный служащий.
Он выделяется из массы своими действиями, своей готовностью
думать самостоятельно, высказывать суждения, не полагаясь на
традиции или идеологию, отделяться от группы и действовать
в одиночку, если это необходимо. Миссис Уоррен из пьесы Шоу
отказывается принести извинения, которых от нее ожидает общество. Уго Сартра отвергает предложение партии восстановить
его, если он откажется от своих действий; оставаясь верным себе,
он подрывает способность партии осуществлять полный контроль над своими членами. Орест воспринимает изгнание как
плату за свою свободу. А Беранже Ионеско принимает оконча-
тельное решение бороться с носорогами до последнего вздоха.
Отстаивая свою свободу и принимая свою ответственность,
а также защищая свои права от угрозы притеснения, эти главные
герои демонстрируют, что любой человек — и каждый человек —
способен «говорить правду властям».

Нонконформизм — способность сказать «нет» требованиям
масс — жизненно важен для дальнейшего существования и благополучия политики и государств. Утверждая свою независимость, нонконформизм начинает разговор, который побуждает
людей исследовать альтернативные истины. Молодой человек
в пьесе «Говорящий "нет"» противостоит древней традиции
и, поступая так, заставляет своих товарищей переосмыслить
важность традиций для руководства мыслями и действиями.

Как мы видим из пьесы «Говорящий "да"», этот разговор о не-обходимости переоценки правил, по которым мы живем, не происходит, если молодой человек соглашается осуществить то, что от него ожидают. Вместо этого норма укрепляется, а политическая дискуссия исключается ввиду его смерти. Миссис Уоррен из пьесы Шоу идет на большие жертвы ради богатства, которое она зарабатывает, занимаясь проституцией. Тем не менее ее решение поставить свое благополучие над нормами социальных условностей приглашает к дискуссии о месте женщин в обществе и их статусе граждан второго сорта. Окружающим не приходило в голову задавать критические вопросы о статус-кво, пока она не призвала их к этому. Их желание понять ее решение и то, как лучше его оценить, заставило их переосмыслить общепринятые суждения, которые в противном случае они бы никогда не подвергли сомнению. В пьесе «Мухи» зрители так и не узнают, что происходит после ухода Ореста. Однако есть надежда, что жители Аргоса задумаются над его критикой их культа раскаяния.

Во всех этих случаях группа не готова справиться с поведением героя-нонконформиста. Мятежный поступок вызывает осуждение, но прежде, чем выносится решение, происходит разговор. Возникают новые идеи, по-другому ставятся вопросы, и рассматриваются альтернативы, которые требуют творческого мышления и нестандартных представлений о лучшей версии мира. Без таких актов восстания статус-кво сохранялся бы, и изолированные индивидуумы, составляющие массу, продолжали бы жить в мире, лишенном общности. Без нонконформистов существование политики было бы невозможно.

В атмосфере всех ужасов XX века Шоу, Брехт, Сартр и Ионеско вселяли в людей надежду. Традиции, возможно, ушли, но люди способны самостоятельно создавать собственные стандарты этического суждения, которые могут сохранить свободу человека и существование общества. Идеология может быть опасной, но способы сопротивления доступны всем нам. Массовое общество может представлять угрозу достоинству человека, но у всех нас есть возможность отделиться от него и утвердить собственную индивидуальность. Политика будет существовать до тех пор, пока люди будут готовы бороться за свою жизнь в обществе.

Пьесы Шоу, Брехта, Сартра и Ионеско говорят о важности политического театра, который помогает нам разобраться в нашем мире и обеспечивает нас ориентирами в моменты кризисов. Их жизненные истории иллюстрируют способность драматургов и других творцов обращаться к сообществу и побуждать людей к политическим действиям. Хотя ни у кого из них не было того уровня политического влияния, которого он желал, каждый смог с помощью драматургии спровоцировать и оживить политические дискуссии тогда, когда это было крайне необходимо. Через споры с критиками, готовность отвергнуть доминирующие политические группы своего времени и утверждение уникальных видов театра, Шоу, Брехт, Сартр и Ионеско продемонстрировали политическую важность нонконформизма и дали человеку возможность влиять на окружающий мир.

На протяжении всей истории человечества существовало два типа политического театра: первый представлял угрозу власть имущим, а второй нет. Каждый из них сталкивался с препятствиями на своем пути. В современном мире, когда театр угрожает государству, государство принимает все необходимые меры для устранения этой угрозы. В условиях тоталитаризма, например, когда государство стремится запретить любой независимый общественный дискурс, артисты политического театра часто подвергаются физическим преследованиям, каким во времена Гитлера подвергался Брехт. Кроме того, государство может использовать идеологический аппарат для установления условий всех художественных начинаний: предоставлять поддержку тем, кто, по его мнению, поддерживает власть, и запрещать выполнять свою работу тем, кто выступает против власти. Спор между Брехтом и Лукачом о ценности формализма является примером этого процесса. Лишь потому, что он был западным социалистом, а не жителем Советского Союза, Брехт вообще смог участвовать в дебатах; его статус постороннего давал ему рычаги воздействия, неизвестные творческим деятелям в СССР. Именно призыв

Брехта к Лукачу и советским культурным аппаратчикам делает эти дебаты важными. Лишь сторонний человек мог призвать их обосновать свои критерии «хорошего» искусства, поскольку никакая внутренняя критика не допускалась под страхом смерти. Если бы Сартр писал в оккупированной Франции пьесы, открыто враждебные немецкому режиму, они бы не были показаны публично. Его обман — убедить нацистское государство, что его пьесы не представляли для них угрозы в силу их мягкого сюжета, — позволил ему тайно передать аудитории свое послание о несогласии. Препятствие, возникшее перед его политическим театром, не оказалось непреодолимым, и Сартр смог общаться с согражданами. В этих условиях политический театр может служить средством, обладающим революционным потенциалом, бросающим миру спасательный круг воображения и политических альтернатив.

Политическому театру, который не представляет никакой угрозы государству, так же трудно преодолеть препятствия, хотя и по другим причинам, и другими способами. Так как в ситуациях, когда либеральное «искусство разделения» сделало частную сферу закрытой для государственного вмешательства, императив общественных действий больше не действует. Без угрозы его существованию политическое сообщество в таком «свободном» обществе может попросту распасться. Франция во время войны была озабочена защитой французского общества от нацистских сил, но единство общества было подорвано, когда общий враг был повержен.

Политический театр наиболее эффективен, когда политическое сообщество уже существует. В либеральных обществах, где многие отказываются от участия в общественной жизни, часто отсутствует чувство общности. В этих условиях политический театр выполняет другую роль. В лучшем случае он может служить строителем политического сообщества, предлагающим как исполнителям, так и зрителям возможность ощутить себя членами единого целого. Эпическая драматургия Брехта, лучше всего представленная в его учебных пьесах, является примером того, какой политический опыт может дать театр в таких ситуациях.

Его театральная мастерская, в которой артисты выступают собственной аудиторией и которая зависит от смены ролей исполнителей, может работать с любой пьесой, новой или старой, для развития политических навыков публичного выступления, вынесения суждений и опыта участия в общем разговоре.

Политический театр может также сыграть еще одну важную роль в либеральных обществах как средство социальной критики. И пародия Шоу на аристократическую мораль, и абсурдистская интерпретация Ионеско буржуазной жизни побуждает аудиторию задуматься о своих социальных реалиях. Хотя критика является менее экстремальным способом политического взаимодействия, чем революция или активное сопротивление, она жизненно важна для здоровья либерального государства. Подобно тому, как нонконформистские протагонисты обсуждаемых здесь пьес противостоят своим сообществам, чтобы сделать их сильнее, критика улучшает общества с помощью призыва «задуматься над тем, что мы делаем». Она вдохновляет зрителей рассматривать альтернативы настоящему, использовать воображение, чтобы представить лучшую версию мира, и тем самым побуждает их стремиться к этому миру.

Кроме того, социальная критика может иметь непредвиденные политические последствия, возникающие в результате размышлений, которые она вызывает. Пожалуй, самым ярким примером этого является вдохновение, которое абсурдистский театр и Ионеско в частности пробудили в восточноевропейских диссидентах во время холодной войны. Особенно это касалось Вацлава Гавела, драматурга, писателя и лидера движения «Хартия 77», который в конечном итоге возглавил движение за независимость Чехословакии в 1989 году и был избран первым посткоммунистическим президентом Чехословакии. Пьесы Гавела, впервые поставленные в начале 1960-х годов, были основаны на абсурдности бюрократии Восточного блока и семантической несостоятельности языка в государствах, контролируемых Советским Союзом. Критика универсального буржуазного класса Ионеско нашла отражение в насмешливых комментариях Гавела о чешских чиновниках. Как написал в своих воспоминаниях о Гавеле чешский писатель Милан Кундера, который сам был одним из тех, кто находился под глубоким впечатлением как от экзистенциализма, так и от абсурдизма,

> Ни один иностранный писатель не имел для нас тогда [в 1960-е годы] такого освобождающего значения как Ионеско. Мы задыхались от искусства, задуманного как образовательное, моральное или политическое... Невозможно представить Гавела без примера Ионеско, отмечу, однако, что он не эпигон. Его пьесы — это оригинальное и незаменимое явление того, что называется «театром абсурда». Более того, в то время их понимали все [Skloot 1993: 225].

В то время как работы Ионеско отражали неопределенность и отсутствие доверия к политическому сообществу, пьесы Гавела послужили стимулом для членов его сообщества предпринять политические действия. Его пьесы, как и пьесы других драматургов, связанных с Театром на Балюстраде в Праге, способствовали распространению бунтарского духа, который в конечном итоге привел к Пражской весне 1968 года. После того как Советский Союз подавил восстание, власти запретили Гавелу ставить его пьесы. В контролируемом Советским Союзом Восточном блоке, где разрыв между общественной и частной жизнью еще не был закреплен, театр сохранял свою силу политического инструмента в публичной сфере. Пьесы Гавела читали повсеместно и иногда даже ставили подпольно вопреки запрету коммунистической власти. Как драматург Гавел стал крупным общественным деятелем в движении «антиполитической политики», которое в итоге привело к «бархатной революции». Таким образом, Ионеско, антиполитический драматург, принципиально отвергавший политику в пользу свободы личности, выступил с социальной критикой, которая послужила вдохновением для революции.

Нам необходимо уделять больше внимание сотрудничеству политики и искусства. Независимо от того, работает ли театр в контексте, который побуждает сообщество к действию, стремится ли создать сообщество или просто призывает общество задуматься о своих действиях, рассматривается ли как угроза государственной власти или как сфера частного развлечения, он все равно играет свою роль в политике. Театр может быть оружием, средством сопротивления, инструментом побега или голосом совести. Как показывают работы Шоу, Брехта, Сартра и Ионеско, политический театр — это сила в современном мире, и даже когда он не оправдывает ожиданий драматурга, его потенциал в развитии воображения и привлечении к диалогу (два отличительных признака политического действия) безграничен.

Библиография

Адорно 2020 — Адорно Т. Жаргон подлинности. О немецкой идеологии. М.: Канон+, 2020.

Арендт 1996 — Арендт Х. Истоки тоталитаризма. М.: ЦентрКом, 1996.

Арендт 2014 — Арендт Х. Между прошлым и будущим. Восемь упражнений в политической мысли. М.: Изд-во Института Гайдара, 2014. (Reprint, New York: Penguin, 1977.)

Брехт 1960 — Брехт Б. О театре / Сост., предисловие и комментарии Е. Г. Эткинда. М.: Издательство иностранной литературы, 1960.

Гершенкрон 2015 — Гершенкрон А. Экономическая отсталость в сравнительной перспективе. М.: Изд. дом Дело, 2015.

Ионеско 1990 — Ионеско Э. Лысая певица: Пьесы / Пер. с франц.; предисл. Г. Зингера; сост. И. Дюшена. М.: Известия, 1990. (Библиотека журнала «Иностранная литература»).

Сартр 1989 — Сартр Ж. П. Экзистенциализм — это гуманизм / Пер. А. Санина // Ф. Ницше, З. Фрейд, Э. Фромм, А. Камю, Ж. П. Сартр. Сумерки богов. М.: Политиздат, 1989. С. 319–344.

Сартр 1999 — Сартр Ж. П. Что такое литература? Слова / Пер. с фр.; худ. обл. М. В. Драко. Минск: ООО «Попурри», 1999.

Сартр 2000 — Сартр Ж. П. Бытие и ничто / Пер. с фр. В. И. Колядко. М.: Республика, 2000.

Хобсбаум 1999а — Хобсбаум Э. Век революции. Европа 1789–1848. Ростов-на-Дону, 1999.

Хобсбаум 1999б — Хобсбаум Э. Век капитала 1848–1875. Ростов-на-Дону, 1999.

Хобсбаум 1999в — Хобсбаум Э. Век империи. 1875–1914. Ростов-на-Дону, 1999.

Шоу 1978–1981 — Шоу Б. Полное собрание сочинений в 6 томах. М.: Искусство, 1978–1981.

Шоу 1989 — Шоу Б. Автобиографические заметки. Статьи. Письма: Сборник. М. :Радуга, 1989.

Эсслин 2010 — Эсслин М. Театр абсурда. СПб.: Балтийские сезоны, 2010.

Adorno et al. 1980 — Adorno, Theodor, Walter Benjamin, Ernst Bloch, Bertolt Brecht, Georg Lukács. Aesthetics and Politics: The Key Texts of the Classic Debate within German Marxism / Trans. ed. by Ronald Taylor, with an afterword by Fredric Jameson. New York: Verso, 1980.

Ahrensdorf 2009 — Ahrensdorf, Peter J. Greek Tragedy and Political Philosophy: Rationalism and Religion in Sophocles' Theban Plays. New York: Cambridge University Press, 2009.

Arendt 1998 — Arendt, Hannah. The Human Condition. Chicago, IL: University of Chicago Press, [1958] 1998.

Aronson 1980 — Aronson, Ronald. Jean-Paul Sartre: Philosophy in the World. London: NLB, 1980.

Aucoin 2012 — Aucoin, Don. Phantom of the Theatre: Audience is Getting Older // The Boston Globe. June 17, 2012. URL: http://www.boston.com/ae/theater_arts/articles/2012/06/17/theater_audiences_are_getting_older/?page=1

Bejan 2006 — Bejan, Cristina. The Paradox of the Young Generation in Inter-War Romania // Slovo. 2006 (Autumn). Vol. 8, № 2. P. 115–128.

Benjamin 1968 — Benjamin, Walter. The Work of Art in the Age of Mechanical Reproduction // Benjamin, Walter. Illuminations: Essays and Reflections. New York: Schocken Books, 1968. P. 217–252.

Benjamin 1980 — Benjamin, Walter. Conversations with Brecht // Adorno, Theodor, Walter Benjamin, Ernst Bloch, Bertolt Brecht, Georg Lukács. Aesthetics and Politics: The Key Texts of the Classic Debate within German Marxism / Trans. ed. by Ronald Taylor, with an afterword by Fredric Jameson. New York: Verso, 1980. P. 86–99.

Birchall 2004 — Birchall, Ian H. Sartre against Stalinism. New York: Berghahn Books, 2004.

Brecht 1964 — Brecht On Theatre: The Development of an Aesthetic / Ed. and transl. by John Willett. New York: Hill and Wang, 1964.

Brecht 1965 — Brecht, Bertolt. The Messingkauf Dialogues / Trans. by John Willett. London: Methuen and Co Ltd., 1965.

Brecht 1976 — Brecht, Bertolt. Collected Plays. Vol. 6: "The Good Person of Szechwan", "Puntila and Matti, His Hired Man", "The Resistible Rise of Arturo Ui", "Dansen", "How Much is Your Iron?", Practice Pieces for Actors / Ed. by Ralph Manheim and John Willett. New York: Vintage Books, 1976.

Brecht 1979 — Brecht, Bertolt. Diaries 1920–1922 / Ed. by Herta Ramthun; trans. by John Willett. New York: St. Martin's Press, 1979.

Brecht 1980a — Brecht, Bertolt. On the Formalistic Character of the Theory of Realism // Adorno, Theodor, Walter Benjamin, Ernst Bloch, Bertolt Brecht, Georg Lukács. Aesthetics and Politics: The Key Texts of the Classic Debate within German Marxism / Trans. ed. by Ronald Taylor, with an afterword by Fredric Jameson. New York: Verso, 1980. P. 70–76.

Brecht 1980b — Brecht, Bertolt. Popularity and Realism // Adorno, Theodor, Walter Benjamin, Ernst Bloch, Bertolt Brecht, Georg Lukács. Aesthetics and Politics: The Key Texts of the Classic Debate within German Marxism / Trans. ed. by Ronald Taylor, with an afterword by Fredric Jameson. New York: Verso, 1980. P. 79–85.

Brecht 1987 — Brecht, Bertolt. Poems 1913–1956 / Ed. by John Willett and Ralph Manheim, with the cooperation of Erich Fried. New York: Routledge, 1987.

Brecht 1993 — Brecht, Bertolt. Journals 1934–1955 / Ed. by John Willett; trans. by Hugh Rorrison. New York: Routledge, 1993.

Brecht 1994 — Brecht, Bertolt. Collected Plays. Vol. 2: "Man Equals Man", "The Elephant Calf", "The Threepenny Opera", "The Rise and Fall of the City of Mahagonny", "The Seven Deadly Sins" / Ed. and introduced by John Willett and Ralph Manheim. London: Methuen, 1994.

Brecht 1996 — Brecht B. Journals 1934–1955. New York: Routledge, 1996.

Brecht 1997a — Brecht, Bertolt. The Baden-Baden Lesson on Consent / Trans. by Geoffrey Skelton // Brecht, Bertolt. Collected Plays. Vol. 3: "The Mother" and Six Lehrstücke / Ed. by John Willett. London: Methuen, 1997. P. 21–43.

Brecht 1997b — Brecht, Bertolt. Collected Plays. Vol. 3: "The Mother" and Six Leherstucke / Ed. by John Willett. London: Methuen, 1997.

Brecht 2001 — Brecht, Bertolt. Collected Plays. Vol. 4: "Round Heads and Pointed Heads," "Fear and Misery of the Third Reich," "Señora Carrar's Rifles," "The Trial of Lucullus," and Two OneAct Plays / Ed. by Tom Kuhn and John Willett. London: Methuen, 2001.

Bronner 1988 — Bronner, Stephen Eric. Expressionism and Marxism: Towards an Aesthetic of Emancipation // Bronner, Stephen Eric, Douglas Kellner, eds. Passion and Rebellion: The Expressionist Heritage. New York: Columbia University Press, 1988. P. 411–453.

Bronner 1999 — Bronner, Stephen Eric. Ideas in Action: Political Tradition in the Twentieth Century. Lanham, MD: Rowman and Littlefield, 1999.

Bronner 2001 — Bronner, Stephen Eric. Socialism Unbound. 2nd ed. Boulder: Westview Press, 2001.

Bronner 2002 — Bronner, Stephen Eric. Of Critical Theory and its Theorists. 2nd ed. New York: Routledge, 2002.

Bronner, Kellner 1988 — Bronner, Stephen Eric, Douglas Kellner, eds. Passion and Rebellion: The Expressionist Heritage. New York: Columbia University Press, 1988.

Bury 1920 — Bury, J. B. The Idea of Progress: An Inquiry into its Origin and Growth. London: Macmillan and Company, 1920.

Călinescu 1995 — Călinescu, Matei. Ionesco and Rhinoceros: Personal and Political Backgrounds // East European Politics and Societies. 1995. Vol. 9, № 3.

Călinescu 2002 — Călinescu, Matei. The 1927 Generation in Romania: Friendships and Ideological Choices (Mihail Sebastian, Mircea Eliade, Nae Ionescu, Eug è ne Ionesco, E. M. Cioran) // East European Politics and Societies. 2002. Vol. 15, № 3. P. 649–677.

Canovan, Arendt 1992 — Canovan M., Arendt H. A Reinterpretation of Her Political Thought. New York: Cambridge University Press, 1992.

Carew 2010 — Carew, E. Attracting Young Patrons: A Challenge for Arts Groups // Chronicle of Philanthropy. 2010. Vol. 22, № 6. P. 3.

Champigny 1982 — Champigny, Robert. Sartre and Drama. York, SC: French Literature Publications Company, 1982.

Cohen-Solal 1987 — Cohen-Solal, Annie. Sartre: A Life. New York: Pantheon, 1987.

Davis 1994 — Davis, Tracy. George Bernard Shaw and the Socialist Theatre. Westport, CT: Praeger, 1994.

Dobrez 1986 — Dobrez, L. A. C. The Existential and Its Exits: Literary and Philosophical Perspectives on the Works of Beckett, Ionesco, Genet, & Pinter. New York: St. Martin's Press, 1986.

Eksteins 1989 — Eksteins, Modris. Rites of Spring: The Great War and the Birth of the Modern Age. Boston: Houghton Mifflin, 1989.

Elger 1989 — Elger, Dietmar. Expressionism. Köln: Taschen, 1989.

Esslin 1984 — Esslin, Martin. Bertolt Brecht: A Choice of Evils. 4th ed. New York: Methuen, 1984.

Euben 1990 — Euben, J. Peter. The Tragedy of Political Theory: The Road Not Taken. Princeton, NJ: Princeton University Press, 1990.

Euben 1997 — Euben, J. Peter. Corrupting Youth: Political Education, Democratic Culture, and Political Theory. Princeton, NJ: Princeton University Press, 1997.

Ewen 1967 — Ewen, Frederic. Bertolt Brecht: His Life, His Art, and His Times. New York: Citadel Press, 1967.

Flaumenhaft 1994 — Flaumenhaft, Mera J. The Civic Spectacle: Essays on Drama and Community. Lanham, MD: Rowman and Littlefield, 1994.

Gaensbauer 1996 — Gaensbauer, Deborah B. Eug è ne Ionesco Revisited. New York: Twayne Publishers, 1996.

Gahan 2003 — Gahan, Peter. The Achievement of Shaw's Later Play's, 1920–1939 // SHAW: The Annual of Bernard Shaw Studies. 2003. Vol. 23. P. 27–35.

Ganz 1983 — Ganz, Arthur. George Bernard Shaw. New York: Grove Press, 1983.

Gellner 1983 — Gellner, Ernest. Nations and Nationalism. Ithaca: Cornell University Press, 1983.

Gibbs 2007 — Gibbs, A. M. G.B.S. and "The Law of Change" // SHAW: The Annual of Bernard Shaw Studies. 2007. Vol. 27. P. 28–41.

Gilliam 1994 — Gilliam, Bryan, ed. Music and Performance during the Weimar Republic. New York: Cambridge, 1994.

Ginsberg 1953 — Ginsberg, Morris. The Idea of Progress: A Revaluation. London: Methuen, 1953.

Graham-Jones 2001 — Graham-Jones, Jean. Broken Pencils and Crouching Dictators: Issues of Censorship in Contemporary Argentine Theatre // Theatre Journal. 2001. Vol. 53, № 4. P. 595–605.

Griffith 1995 — Griffith, Gareth. On Socialism and Superior Brains: The Political Thought of George Bernard Shaw. New York: Routledge, 1995.

Grimes 2001 — Grimes, Charles. Bernard Shaw's Theory of Political Theater: Difficulties from the Vantages of Postmodern and Modern Types of the Self // SHAW: The Annual of Bernard Shaw Studies. 2001. Vol. 22. P. 117–130.

Grossvogel 1982 — Grossvogel, David I. Ionesco: Symptom and Victim // Lazar, Moshe, ed. The Dream and the Play: Ionesco's Theatrical Quest. Malibu, CA: Undena Publications, 1982. P. 81–92.

Hailey 1994 — Hailey, Christopher. Rethinking Sound: Music and Radio in Weimar Germany // Gilliam, Bryan, ed. Music and Performance during the Weimar Republic. New York: Cambridge, 1994. P. 13–36.

Hale 2010 — Hale, Piers J. Of Mice and Men: Evolution and the Socialist Utopia. William Morris, H. G. Wells, and George Bernard Shaw // Journal of the History of Biology. 2010. Vol. 43. P. 17–66.

Halliwell 1987 — The Poetics of Aristotle, with translation and commentary / Contr. by Stephen Halliwell. Chapel Hill: University of North Carolina Press, 1987.

Harding 2006 — Harding, Desmond. Bearing Witness: Heartbreak House and the Poetics of Trauma // SHAW: The Annual of Bernard Shaw Studies. 2006. Vol. 26. P. 6–26.

Hardwick, Hardwick 1973 — Hardwick, Michael, Mollie Hardwick. The Bernard Shaw Companion. London: John Murray Ltd., 1973.

Hasenclever 1963 — Hasenclever, Walter. Humanity // An Anthology of German Expressionist Drama: A Prelude to the Absurd / Ed. by Walter H. Sokel. Garden City: Anchor Books, 1963.

Hauser 2009 — Hauser, Karen. The Demographics of the Broadway Audience, 2008–2009. New York: The Broadway League, 2009.

Hayman 1976 — Hayman, Ronald. Eugene Ionesco. New York: Ungar, 1976.

Hermassi 1997 — Hermassi, Karen. Polity and Theatre in Historical Perspective. Berkeley: University of California Press, 1997.

Hinton 1994 — Hinton, Stephen. Lehrstück: An Aesthetics of Performance // Gilliam, Bryan, ed. Music and Performance during the Weimar Republic. New York: Cambridge, 1994. P. 59–73.

Hobsbawm 1992 — Hobsbawm, Eric. Nations and Nationalism Since 1780: Programme, Myth, Reality. New York: Cambridge University Press, 1992.

Holyrod 1988 — Holyrod, Michael. Bernard Shaw. Vol. 1: The Search for Love. New York: Random House, 1988.

Honig 2009 — Honig, Bonnie. Antigone's Laments, Creon's Grief: Mourning, Membership, and the Politics of Exception // Political Theory. 2009. Vol. 47, № 1. P. 5–43.

Honig 2010 — Honig, Bonnie. Review of Philosophy and Real Politics, by Raymond Geuss; Public Philosophy in a New Key. Vol. 1, Democracy and Civic Freedom, by James Tully; and Public Philosophy in a New Key. Vol. 2, Imperialism and Civic Freedom, by James Tully // Perspectives on Politics. 2010. Vol. 8, № 2. P. 657–660.

Iggers 1965 — Iggers, George G. The Idea of Progress: A Critical Assessment // The American Historical Review. 1965 (October). Vol. 71, № 1. P. 1–17.

Ingram 2011 — Ingram, Mark. Rites of the Republic: Citizens' Theatre and the Politics of Culture in Southern France. Toronto: University of Toronto Press, 2011.

Ionesco 1958 — Ionesco, Eugène. The Bald Soprano // Ionesco, Eugène. The Bald Soprano and Other Plays / Trans. by Donald M. Allen. New York: Grove Press, 1958.

Ionesco 1960 — Ionesco, Eugène. Rhinoceros // Ionesco, Eugène. Rhinoceros and Other Plays / Trans. by Derek Prouse. New York: Grove Press, 1960.

Ionesco 1964 — Ionesco, Eugène. Notes and Counter Notes: Writings on the Theatre / Trans. by Donald Watson. New York: Grove Press, 1964.

Ionesco 1978 — James Ulmer. An Interview with Eugene Ionesco // The Harvard Crimson. March 09, 1978.

Ionesco 1984 — Shusha Guppy. Eugène Ionesco: The Art of the Theater No. 6: Interviewed by Shusha Guppy // The Paris Review. 1985. № 93.

Ionesco 1987 — Ionesco, Eugène. Fragments of a Journal / Trans. by Jean Stewart, with an introduction by Donald Watson. New York: Quartet Books, 1987.

Ionesco 1998 — Ionesco, Eugène. Present Past / Past Present: A Personal Memoir / Trans. by Helen R. Lane, with a new introduction by Robert Brustein. New York: Da Capo Press, 1998.

Isaac 1992 — Isaac, Jeffrey C. Arendt, Camus, and Modern Rebellion. New Haven: Yale University Press, 1992.

Kaarsholm 1990 — Kaarsholm, Preben. Mental Colonisation or Catharsis? Theatre, Democracy, and Cultural Struggle from Rhodesia to Zimbabwe // Journal of Southern African Studies. 1990. Vol. 16, № 2. P. 246–275.

Kamdar 2004 — Kamdar, Mira. Theatre and Repression: Saffron Nightmares // American Theatre. 2004. Vol. 21, № 9. P. 28–31, 100–102.

Kellner 1974 — Kellner D.Review of On a raison de se r é volter, by Jean Paul Sartre, Philippe Gavi, and Pierre Victor // Telos 22 (December 1974): 201.

Kellner 1980 — Kellner, Douglas. Brecht's Marxist Aesthetic: The Korsch Connection // Weber, Betty Nance, Hubert Heinen, eds. Bertolt Brecht: Political Theory and Literary Practice. Athens: University of Georgia Press, 1980. P. 29–42.

Kellner 1988a — Kellner, Douglas. Expressionism and Rebellion // Bronner, Stephen Eric, Douglas Kellner, eds. Passion and Rebellion: The Expressionist Heritage. New York: Columbia University Press, 1988. P. 3–39.

Kellner 1988b — Kellner, Douglas. Expressionist Literature and the Dream of the "New Man" // Bronner, Stephen Eric, Douglas Kellner, eds. Passion and Rebellion: The Expressionist Heritage. New York: Columbia University Press, 1988. P. 166–200.

Kruger 1992 — Kruger, Loren. The National Stage: Theatre and Cultural Legitimation in England, France, and America. Chicago, IL: University of Chicago Press, 1992.

Kuhn, Willett 2001 — Kuhn, Tom, John Willett. Introduction // Brecht, Bertolt. Collected Plays. Vol. 4: "Round Heads and Pointed Heads", "Fear and Misery of the Third Reich", "Señora Carrar's Rifles", "The Trial of Lucullus", and Two OneAct Plays / Ed. by Tom Kuhn and John Willett. London: Methuen, 2001.

Johnson 1972 — Johnson, Richard. The French Communist Party Versus the Students: Revolutionary Politics in May-June 1968. New Haven: Yale University Press, 1972.

Lamont 1993 — Lamont, Rosette C. Ionesco's Imperatives: The Politics of Culture. Ann Arbor: University of Michigan Press, 1993.

Lasswell 1936 — Lasswell, Harold D. Politics: Who Gets What, When, How. New York: Whittlesey House, 1936.

Lazar 1982 — Lazar, Moshe, ed. The Dream and the Play: Ionesco's Theatrical Quest. Malibu, CA: Undena Publications, 1982.

Loftis 2009 — Loftis, Sonya Freeman. Shakespeare, Shotover, Surrogation: "Blaming the Bard" in Heartbreak House // SHAW: The Annual of Bernard Shaw Studies. 2009. Vol. 29. P. 50–65.

Lukács 1980 — Lukács, Georg. Realism in the Balance // Adorno, Theodor, Walter Benjamin, Ernst Bloch, Bertolt Brecht, Georg Lukács. Aesthetics and Politics: The Key Texts of the Classic Debate within German Marxism / Trans. ed. by Ronald Taylor, with an afterword by Fredric Jameson. New York: Verso, 1980. P. 28–59.

Lunn 1974 — Lunn, Eugene. Marxism and Art in the Era of Stalin and Hitler: A Comparison of Brecht and Luk á cs // New German Critique. 1974 (Autumn). Vol. № 3. P. 12–44.

Mandelbaum 1971 — Mandelbaum, Maurice. History, Man and Reason: A Study in Nineteenth Century Thought. Baltimore, MD: Johns Hopkins University Press, 1971.

Matson 1995 — Matson, Michelle. Brecht and the Status of the Political Subject // Brecht Unbound / Ed. by James K. Lyon and Hans-Peter Breuer. Newark: University of Delaware Press, 1995. P. 29–40.

Mayer 1971 — Mayer H. teppenwolf and Everyman. Los Angeles: Crowell, 1971.

Mbowa 1996 — Mbowa, Rose. Theater and Political Repression in Uganda // Research in African Literatures. 1996. Vol. 27, № 3. P. 87–97.

McCall 1971 — McCall, Dorothy. The Theatre of Jean-Paul Sartre. New York: Columbia University Press, 1971.

McLaren 1992 — McLaren, Robert Mshengu. Theatre on the Frontline: The Political Theatre of Zambuko/Izibuko // The Drama Review. 1992. Vol. 36, № 1. P. 90–114.

Meisel 1963 — Meisel, Martin. Shaw and the Nineteenth Century Theater. Princeton, NJ: Princeton University Press, 1963.

Michalski 2003 — Michalski, Sergiusz. New Objectivity: Painting, Graphic Art and Photography in Weimar Germany 1919–1933. London: Taschen, 2003.

Moore 1993 — Moore, Barrington. Social Origins of Dictatorship and Democracy: Lord and Peasant in the Making of the Modern World. Boston: Beacon Press, [1966] 1993.

Morawetz 1985 — Morawetz, Thomas. Tension in "The Art of Separation" // Political Theory. 1985. Vol. 13, № 4. P. 599–606.

Morgan 1965 — Morgan, Margery M. Back to Methuselah: The Poet and the City // G. B. Shaw: A Collection of Critical Essays / Ed. by R. J. Kaufmann. Englewood Cliffs, NJ: Prentice-Hall Inc., 1965. P. 130–142.

Morgenthau 2005 — Morgenthau, Hans. Politics among Nations. 7th ed. New York: McGraw Hill, 2005.

Müller 1980 — Müller, Klaus-Detlef. Me-ti // Weber, Betty Nance, Hubert Heinen, eds. Bertolt Brecht: Political Theory and Literary Practice. Athens: University of Georgia Press, 1980. P. 43–59.

Myrsiades 1995 — Myrsiades, Linda S. Narrative, Theory, and Practice in Greek Resistance Theatre // Journal of the Hellenic Diaspora. 1995. Vol. 21. P. 9–83.

Nisbet 1994 — Nisbet, Robert. History of the Idea of Progress, 2nd ed. New Brunswick, NJ: Transaction Publishers, 1994.

Nussbaum 1986 — Nussbaum, Martha. The Fragility of Goodness: Luck and Ethics in Greek Tragedy and Philosophy. New York: Cambridge University Press, 1986.

O'Leary 2008 — O'Leary, Daniel. Censored and Embedded Shaw: Print Culture and Shavian Analysis of Wartime Media // SHAW: The Annual of Bernard Shaw Studies. 2008. Vol. 28. P. 168–187.

Öztürk 2006 — Öztürk, Serdar. Karag ö z Co-Opted: Turkish Shadow Theatre of the Early Republic (1923–1945) // Asian Theatre Journal. 2006. Vol. 23, № 2. P. 292–313.

Pachter 1982 — Pachter, Henry. Weimar Etudes. New York: Columbia University Press, 1982.

Palmier 1988 — Palmier, Jean-Michel. Expressionist Reviews and the First World War // Bronner, Stephen Eric, Douglas Kellner, eds. Passion and Rebellion: The Expressionist Heritage. New York: Columbia University Press, 1988. P. 113–125.

Phillips 1996 — Phillips, Roderick. Society, State, and Nation in Twentieth-Century Europe. Upper Saddle River, NJ: Prentice Hall, 1996.

Quinney 2007 — Quinney, Anne Holloway. Excess and Identity: The Franco-Romanian Ionesco Combats Rhinoceritis // South Central Review. 2007 (Fall). Vol. 24, № 3. P. 36–52.

Rehfeld 2010 — Rehfeld, Andrew. Offensive Political Theory // Perspectives on Politics. 2010. Vol. 8, № 2. P. 465–486.

Rojo, Sisson 1989 — Rojo, Grinor, Michael Sisson. Chilean Theatre from 1957–1987 // Theatre Journal. 1989. Vol. 41, № 4. P. 524–537.

Ryan et al. 1971 — Ryan, Paul Ryder, Julian Beck, Judith Malina. The Living Theatre in Brazil // The Drama Review. 1971. Vol. 15, № 3. P. 20–29.

Ryan V. L. 2007 — Ryan, Vanessa L. "Considering the Alternatives...": Shaw and the Death of the Intellectual // SHAW: The Annual of Bernard Shaw Studies. 2007. Vol. 27. P. 175–189.

Ryder 2009 — Ryder, Andrew. Sartre's Theater of Resistance: Les Mouches and the Deadlock of Collective Responsibility // Sartre Studies International. 2009. Vol. 15, № 2. P. 78–95.

Sartre 1960 — Sartre, Jean Paul. The Devil and the Good Lord / Trans. by Kitty Black. New York: Vintage Books, 1960.

Sartre 1966 — Sartre, Jean Paul. Situation of the Writer in 1947 // Sartre, Jean Paul. What is Literature? / Trans. by Bernard Frechtman. New York: Washington Square Press, 1966.

Sartre 1970 — Sartre, Jean Paul. Materialism and Revolution // Sartre, Jean Paul. Literary and Philosophic Essays. New York: Collier Books, 1970. P. 198–256.

Sartre 1974 — Sartre, Jean Paul. Bariona, or the Son of Thunder // The Writings of Jean-Paul Sartre. Vol. 2: Selected Prose / Ed. by Michel Contat and Michel Rybalka; trans. by Richard McCleary. Chicago: Northwestern University Press, 1974.

Sartre 1976 — Sartre, Jean Paul. Sartre on Theatre / Ed. by Michel Contat and Michel Rybalk; trans. by Frank Jellnick. New York: Pantheon Books, 1976.

Sartre 1989a — Sartre, Jean Paul. The Flies // Sartre, Jean Paul. «No Exit», and Three Other Plays / Trans. by Stuart Gilbert. New York: Vintage International, 1989. P. 47–124.

Sartre 1989b — Sartre, Jean Paul. No Exit // Sartre, Jean Paul. «No Exit», and Three Other Plays / Trans. by Stuart Gilbert. New York: Vintage International, 1989. P. 1–46.

Sartre 1992 — Sartre, Jean Paul. Being and Nothingness / trans. Hazel E. Barnes. New York: Washington Square Press, [1943] 1992.

Sartre 1995 — Sartre, Jean Paul. Anti-Semite and Jew: An Exploration of the Etiology of Hate / Trans. by George J. Becker. New York: Schoken Books, 1995.

Sartre 2007 — Sartre, Jean Paul. Existentialism is a Humanism / Trans. by Carol Macomber. New Haven, CT: Yale University Press, 2007.

Sartre 2009 — Sartre, Jean Paul. War Diary, September-October 1939 / Trans. by David Fernbach // New Left Review. 2009 (September–October). Vol. 59. P. 89–120.

Sartre 2010 — Sartre, Jean Paul. Paris Under the Occupation // Sartre, Jean Paul. The Aftermath of War / Trans. by Chris Turner. London: Verso, 2010.

Saxonhouse 1986 — Saxonhouse, Arlene. From Tragedy to Hierarchy and Back Again: Women in Greek Political Thought // American Political Science Review. 1986. Vol. 80, № 2. P. 403–418.

Scanlan 1976 — Scanlan, Robert Norman. Complete Action: An Examination of Three Modern Plays in the Light of Aristotle's Poetics. PhD diss., Rutgers University, 1976.

Shaw 1931 — Shaw, George Bernard. The Collected Works of Bernard Shaw. Vol. XXI: What I Really Wrote About the War. New York: WM. H. Wise and Company, 1931.

Shaw 1946 — Shaw, George Bernard. Plays Unpleasant: "Widowers' Houses," "The Philanderer," "Mrs. Warren's Profession." New York: Penguin Books, 1946.

Shaw 1970 — Shaw, George Bernard. An Autiobiography, 1898–1950: The Playwright Years / Ed. by Stanley Weintraub. New York: Weybright and Talley, 1970.

Shaw 1972 — Shaw, George Bernard. Collected Plays with Their Prefaces. Vol. 5. Reprint. London: The Bodley Head, [1930], 1972.

Shaw 1981 — Shaw, George Bernard. Selected Plays. New York: Dodd, Mead and Company, 1981.

Shaw 1985 — Shaw, George Bernard. Agitations: Letters to the Press, 1875–1950 / Ed. by Dan H. Laurence and James Rambeau. New York: Frederick Ungar Publishing, 1985.

Shaw 1986 — Shaw, George Bernard. Plays Political: "The Apple Cart," "On the Rocks," "Geneva." New York: Penguin, 1986.

Skloot 1993 — Skloot, Robert. Vaclav Havel: The Once and Future Playwright // Kenyon Review. 1993 (Spring). Vol. 15, № 2.

Skocpol 1979 — Skocpol, Theda. States and Social Revolutions: A Comparative Analysis of France, Russia, and China. New York: Cambridge University Press, 1979.

Sokel 1963 — Sokel, Walter H., ed. An Anthology of German Expressionist Drama: A Prelude to the Absurd. Garden City, KS: Anchor Books, 1963.

Tessitore 2003 — Tessitore, Aristide. Justice, Politics, and Piety in Sophocles' Philoctetes // Review of Politics. 2003. Vol. 65. P. 61–88.

Thompson 2012 — Thompson, Michael. The Order of the Visible and the Sayable: Theatre Censorship in Twentieth-Century Spain // Hispanic Research Journal. 2012. Vol. 13, № 2. P. 93–110.

Thomson, Sacks 1994 — Thomson, Peter, Glendyr Sacks, eds. The Cambridge Companion to Brecht. New York: Cambridge University Press, 1994.

Tilly 1990 — Tilly, Charles. Coercion, Capital, and European States: AD 990–1992. Malden, MA: Blackwell Publishers, 1990.

Tilly 1993 — Tilly, Charles. European Revolutions: 1492–1992. Malden, MA: Blackwell, 1993.

Tynan 1961 — Tynan, Kenneth. Curtains: Selections from the Drama Criticism and Related Writings. New York: Atheneum, 1961.

Valency 1973 — Valency, Maurice. The Cart and the Trumpet: The Plays of George Bernard Shaw. London: Oxford University Press, 1973.

van Erven 1987 — van Erven, Eugene. Philippine Political Theatre and the Fall of Ferdinand Marcos // The Drama Review. 1987. Vol. 31, № 2. P. 57–78.

van Erven 1992 — van Erven, Eugene. The Playful Revolution: Theatre and Liberation in Asia. Bloomington: Indiana University Press, 1992.

Völker 1975 — Völker, Klaus. Brecht Chronicle / Introduction by Carl Weber. New York: The Seabury Press, 1975.

Walzer 1984 — Walzer, Michael. Liberalism and the Art of Separation // Political Theory. 1984. Vol. 12, № 4. P. 315.

Weber 1980 — Weber, Betty Nance, Hubert Heinen, eds. Bertolt Brecht: Political Theory and Literary Practice. Athens: University of Georgia Press, 1980.

Wellwarth 1982 — Wellwarth, George E. Beyond Realism: Ionesco's Theory of the Drama // Lazar, Moshe, ed. The Dream and the Play: Ionesco's Theatrical Quest. Malibu, CA: Undena Publications, 1982. P. 33–48.

Weintraub 2004 — Weintraub, Andrew N. Power Plays: Wayang Golek Puppet Theatre of West Java. Athens, OH: Ohio University Research in International Studies, 2004.

Weintraub 1971 — Weintraub, Stanley. Journey to Heartbreak: The Crucible Years of Bernard Shaw, 1914–1918. New York: Weybright and Talley, 1971.

Wilde 2006 — Wilde, Lisa. Shaw's Epic Theater // SHAW: The Annual of Bernard Shaw Studies. 2006. Vol. 26. P. 135–142.

Wilkinson 1981 — Wilkinson, James D. The Intellectual Resistance in Europe. Cambridge, MA: Harvard University Press, 1981.

Willett 1978 — Willett, John. Art and Politics in the Weimar Period: The New Sobriety, 1917–1933. New York: Pantheon Books 1978.

Willett 1998 — Willett, John. Brecht in Context: Comparative Approaches. Rev. ed. London: Methuen, 1998.

Williams 1983 — Williams, Raymond. Culture and Society, 1780–1950. New York: Columbia University Press, 1983.

Wright 1988 — Wright, Barbara Drygulski. Sublime Ambition: Art, Politics, and Ethical Idealism in the Cultural Journals of German Expressionism // Bronner, Stephen Eric, Douglas Kellner, eds. Passion and Rebellion: The Expressionist Heritage. New York: Columbia University Press, 1988. P. 82–112.

Zorn 2008 — Zorn, Christa. Cosmopolitan Shaw and the Transformation of the Public Sphere // SHAW: The Annual of Bernard Shaw Studies. 2008. Vol. 28. P. 188–208.

Предметно-именной указатель

сопротивление 17, 19, 25, 75, 95,
101, 114, 118, 119, 122–126, 129,
132, 134, 142, 152, 167, 171, 183,
188, 194, 204–206, 208, 209,
212, 214
у Брехта 95, 101, 114
у Ионеско 167, 171, 183,
188, 205
у Сартра 118, 119, 122–126,
129, 132, 134, 142, 152, 204
Социал-демократическая партия
Германии 52, 84,
социал-демократы 52, 84, 138
социализм 41, 76, 97, 98, 102, 105,
118, 141
Брехт и 96, 98, 100, 105, 113, 191
Брехт о 103
Лукач 96, 102, 116
Первая мировая война и 51, 52
в пьесе *Мать* 116
Сартр и 118
фабианство и 39, 58, 191
Шоу и 51, 57, 58, 191
социалистическая партия 118
социалистический реализм
(соцреализм) 96–98, 100, 102,
103, 105, 113, 114, 116, 161, 173
Спенсер Герберт 35
СССР, Союз Советских Социали-
стических Республик 95, 100,
116, 147, 169, 210; см. также
Советский Союз
Сталин Иосиф Виссарионович
91, 97, 98, 147
сталинизм 91, 95, 98, 118, 140,
141, 143, 151, 186
Брехт и 91, 95, 98
Лукач и 95
Сартр и 118, 141, 143

Стар, газета 37
субъективность у Сартра
117, 120
США 16–18, 23, 34, 51, 69, 114
сюрреализм 157, 158, 160

Таиланд 17
Тайнен Кеннет 26, 63, 155, 168,
170–178, 183, 187
Ионеско и 26, 155, 168–178,
183, 187
Ионеско и призрак 173
Ионеско: вершитель судеб? 170
творческая эволюция 40, 41, 60,
61, 63–65, 67, 195
театр абсурда 26, 153–156, 159,
171, 212, 213; см. также
абсурдизм
театр ситуаций 117, 118, 128,
142, 152
театр угнетенных 23
театральная критика 26, 56, 170,
171, 176
теория Шоу и Ламарка 40; см.
также творческая эволюция
Толстой Лев Николаевич 102
тоталитаризм 21, 152, 170, 178,
183, 184, 186, 192, 193, 201,
205, 210
Носорог и 178, 183, 205
Арендт и 12, 201
Брехт и 170, 205
Ионеско и 154, 169, 170, 177,
183, 192, 205
политический театр и 210
Сартр и 151, 152, 205
Шоу и 192, 205
Тох Эрнст 77
Турция 17

Оглавление

Научное издание

Марго Морган
ПОЛИТИКА И ТЕАТР В ЕВРОПЕ XX ВЕКА
Воображение и сопротивление

Директор издательства *И. В. Немировский*
Ответственный редактор *И. Белецкий*
Куратор серии *В. Кучерявенко*
Заведующая редакцией *М. Ермакова*

Дизайн *И. Граве*
Редактор *В. Ворошилова*
Корректоры *А. Филимонова, И. Манлыбаева*
Верстка *Е. Падалки*

Подписано в печать 03.04.2024.
Формат издания 60 × 90 $^1/_{16}$. Усл. печ. л. 15,1.
Тираж 200 экз.

Academic Studies Press
1577 Beacon Street, Brookline, MA 02446 USA
https://www.academicstudiespress.com

ООО «Библиороссика».
198207, г. Санкт-Петербург, а/я № 8

Эксклюзивные дистрибьюторы:
ООО «Караван»
ООО «КНИЖНЫЙ КЛУБ 36.6»
http://www.club366.ru
Тел./факс: 8(495)9264544
e-mail: club366@club366.ru

Книги издательства можно купить
в интернет-магазине: www.bibliorossicapress.com
e-mail: sales@bibliorossicapress.ru

12+

Знак информационной продукции согласно
Федеральному закону от 29.12.2010 № 436-ФЗ

www.ingramcontent.com/pod-product-compliance
Lightning Source LLC
Chambersburg PA
CBHW070359100426
42812CB00005B/1571